Observaciones Electorales

en Suriname
1991

Secretario General
César Gaviria

Secretario General Adjunto
Christopher R. Thomas

Coordinadora Ejecutiva de la Unidad para la Promoción de la Democracia
Elizabeth M. Spehar

Esta publicación integra el plan de publicaciones de la Secretaría General de la Organización de los Estados Americanos. Las ideas, afirmaciones y opiniones expresadas en los trabajos no son necesariamente las de la OEA ni de sus Estados Miembros. La responsabilidad de las mismas compete a las áreas respectivas.

Observaciones Electorales

en Suriname 1991

Unidad para la Promoción de la Democracia

La revisión técnica del presente volumen estuvo a cargo del Embajador John W. Graham y Edgardo Costa Reis, Coordinador General de la Misión. La revisión editorial fue realizada por Yadira Soto, especialista de la UPD. La preparación del material fue realizada por Gerardo M. Serrano con la asistencia de J. Taylor Wentges y la cooperación de Alicia Bialet.

La edición, diseño y composición del presente trabajo fue realizado por el área de Sistemas de Información y Publicaciones/CIDI.

Copyright © 1996. OAS/OEA. Todos los derechos reservados. Se autoriza su reproducción con indicación de la fuente.

Este documento está compilado, fundamentalmente, en base al Informe del Secretario General sobre el proceso electoral en Suriname (OEA/Ser. P AG/doc. 2671/91, 29 de abril de 1991), y el Informe Anual de la Comisión Interamericana de Derechos Humanos 1990-1991 (OEA/Ser. L/VII. 79 rev. 1 Doc. 12, 22 de febrero de 1991).

Con la publicación de esta serie, la Unidad para la Promoción de la Democracia de la Organización de los Estados Americanos tiene por finalidad: a) proveer una mayor comprensión de los procesos electorales en el Hemisferio; b) incrementar el conocimiento sobre el papel de la OEA en la observación electoral; c) informar al público sobre la naturaleza de la Misión de Observación; y d) contribuir a la identificación de las áreas problemáticas en los procesos electorales de los Estados miembros.

ÍNDICE

Presentación ix

Mapa de Suriname xiii

Siglas Utilizadas en el Documento xv

Introducción xvii

CAPÍTULO I
Aspectos generales de Suriname 1
    Geografía 3
    Demografía 3
    Economía 4
    Indicadores sociales 4
    Historia 4
    Observaciones de la Comisión Interamericana de Derechos Humanos . . . 5

CAPÍTULO II
La misión de la OEA 7
    Invitación 9
    Mandato 9
    Duración/Tamaño/Costo 10
    Organización 10
    Actividades 11

CAPÍTULO III
Marco electoral 13
   Sistema de gobierno 15
   Administración electoral 16
   Calendario electoral 17
   Inscripción de los electores 17
   Inscripción de los partidos políticos 18
   Inscripción de los candidatos 20
   La campaña electoral 21
   El día de la elección 21
   El escrutinio 22

CAPÍTULO IV
El período pre-electoral 25

CAPÍTULO V
El día de la elección 31

CAPÍTULO VI
Los refugiados 35
   Historia 37
   El proceso electoral 38
   El día de las elecciones 40

CAPÍTULO VII
El período del escrutinio 41
   El escrutinio rápido de la OEA 43
   Las denuncias 45

CAPÍTULO VIII
Los resultados 51
   Las elecciones de miembros de la Asamblea Nacional . . 53
   Las elecciones para las Juntas Locales 54
   Las Juntas de Distrito 54

CAPÍTULO IX
La elección del Presidente y el Vicepresidente 57
   La votación en la Asamblea Nacional 59
   La Asamblea de la Unidad Popular 60

CAPÍTULO X
Conclusiones 63

Anexos 69

Presentación

Los ideales y principios democráticos han estado siempre presentes en el Sistema Interamericano. En 1948, los Estados miembros proclamaron en la Carta de Bogotá que "la solidaridad de los Estados Americanos y los altos objetivos que son perseguidos a través de ella, requieren de la organización política de esos estados sobre las bases del ejercicio de la democracia representativa".

Cuarenta años más tarde, en 1988, con la entrada en vigencia del Protocolo de Cartagena de Indias, los Estados miembros deciden incluir entre los propósitos esenciales de la Organización el de la promoción y consolidación de la democracia representativa, con el debido respeto al principio de no-intervención. Con este hecho comienza un proceso jurídico/político por el cual los Estados miembros demuestran un renovado e incuestionable consenso y compromiso con la defensa y promoción colectiva de la democracia, a la vez que le asignan a la OEA un importante papel en ello.

Al siguiente año, en la Asamblea General realizada en Washington, D.C., se recomienda al Secretario General la organización y envío de Misiones de Observación Electoral a los Estados miembros que lo requirieran. En 1990, la Asamblea General de Asunción solicita al Secretario General la creación de la Unidad para la Promoción de la Democracia (UPD).

En 1991, en Santiago de Chile, la Asamblea General adopta la resolución 1.080 sobre "Democracia Representativa", la que instruye al Secretario General que, en caso de que se produzca una interrupción irregular del proceso democrático en cualquiera de los Estados miembros, solicite inmediatamente la convocación de una reunió del Consejo Permanente para que éste estudie la situación y tome las decisiones apropiadas.

En diciembre de 1992 una Asamblea General Extraordinaria aprueba el denominado Protocolo de Washington que modifica la Carta una vez más, incluyendo un artículo que contempla la posibilidad de suspender, por dos tercios de los votos, el derecho de un Estado miembro cuyo gobierno haya sido derrocado por la fuerza, a participar en las sesiones de los cuerpos gobernantes de la Organización. El Protocolo todavía no ha sido ratificado por la mayoría de los Estados miembros.

En el contexto de la corriente democratizadora en el hemisferio, la Unidad para la Promoción de la Democracia (UPD) de la OEA emerge como uno de los mecanismos de largo plazo con que la Organización cuenta para apoyar a los Estados miembros en sus esfuerzos para fortalecer y consolidar las instituciones democráticas. Establecida por el Secretario General João Clemente Baena Soares, siguiendo el mandato de la Asamblea General de 1990, la UPD ofrece "un programa de apoyo para el desarrollo democrático con el cual se pueda responder pronta y efectivamente a los Estados miembros que, en el pleno ejercicio de su soberanía, requieran colaboración o asistencia para preservar o fortalecer sus instituciones políticas y sus procedimientos democráticos".

Sobre estas bases, y a solicitud de los países miembros, la UPD ejecuta proyectos en áreas relacionadas con la educación para la democracia y con el fortalecimiento de instituciones electorales y legislativas. Otra de sus principales funciones es la de organizar Misiones de Observación Electoral en aquellos países que lo requieran.

Las recientes actividades de observación electoral de la OEA se basan en la convicción de que el proceso electoral es una pieza fundamental de todo proceso de transición y consolidación democrática. Las Misiones de Observación Electoral (MOE) siempre han sido organizadas solamente en respuesta a solicitudes específicas de los Estados miembros y bajo la guía del Secretario General.

Las MOE tienen los siguientes objetivos principales: observar e informar al Secretario General sobre el proceso electoral tomando como punto de referencia las normas electorales del país y su Constitución; colaborar con las autoridades gubernamentales, electorales y partidarias, y con la población en general, para asegurar la integridad, imparcialidad y confiabilidad del proceso electoral; servir como conducto informal para la construcción de consenso y la resolución de conflictos entre los diferentes participantes en el proceso electoral y ponerse a disposición de los protagonistas del proceso para contribuir a que se respeten las leyes y los procedimientos que establecen las normas legales del país y que sean estos los mecanismos que encaucen y determinen la resolución de los conflictos.

Algunas de las misiones de observación electoral, como la realizada en Costa Rica en 1990 o Colombia en 1994, son de corto plazo y simbólicas. Estas Misiones por lo general están compuestas por un grupo reducido y especializado de observadores que permanecen en el país por un breve período en torno al día de la elección.

En otros casos de Observación Electoral --como los que se presentan en esta serie de informes-- las Misiones arriban al país semanas, en ocasiones meses, antes del día de la elección y focalizan sus tareas en la totalidad del proceso electoral. Estas Misiones son complejas y de largo plazo. Sus funciones por lo general comienzan con el estudio de las normas electorales que sirven de marco al proceso, y con el seguimiento del proceso de empadronamiento o registro electoral de los ciudadanos; y continúan con la observación de la organización y preparación de las elecciones por las autoridades electorales, el desarrollo de la campaña electoral, el acceso a los medios de comunicación, la libertad de prensa, de expresión y asociación, la utilización de recursos del Estado, a designación y capacitación de las autoridades electorales, la preparación y distribución de los padrones electorales y los materiales utilizados en el día de la elección, la adopción de medidas de seguridad, el proceso de votación, el escrutinio en las mesas, la transmisión y recepción de resultados, la compilación de los datos electorales, el juzgamiento de las elecciones, y cualquier desarrollo post-electoral hasta la proclamación oficial de los resultados por las autoridades correspondientes.

Más específicamente, y para cumplir con esas funciones, las MOE, realizan una serie de tareas esenciales y cotidianas como la de asistir a reuniones con los candidatos, representantes de los partidos políticos, autoridades electorales, organizaciones civiles, y otros grupos relevantes; presenciar los actos políticos y analizar métodos de las campañas políticas y cobertura de la prensa; recibir y comunicar a las autoridades las denuncias sobre supuestas violaciones a las leyes electorales; y realizar proyecciones estadísticas de los resultados el día de los comicios.

El trabajo de observación de las MOE se concentra en aquellos aspectos y mecanismos del proceso político-electoral que pueden representar conflictos entre las partes involucradas o afectar la integridad y transparencia de los resultados. La identificación de estos asuntos y las actividades que desarrollan los observadores se realizan sobre la base de los conocimientos que son fruto del análisis minucioso de las leyes y las prácticas electorales del país, los resultados de las entrevistas con sus autoridades gubernamentales, electorales y políticas, y de la experiencia internacional de Observación de la OEA y de otros organismos internacionales.

Para comprender mejor las actividades que llevan a cabo los observadores hay que tener en cuenta que la experiencia histórica enseña que en los procesos electorales, como en toda competencia por el poder, algunas personas o grupos pueden recurrir a procedimientos expresamente vedados por las normas que regulan dicho proceso. Esta situación puede verse facilitada si las leyes presentan deficiencias o si las autoridades que administran el proceso no cuentan con la capacitación adecuada o con los recursos indispensables para su aplicación. En ese contexto, en la contienda electoral se suelen encontrar anomalías e irregularidades y también intentos reñidos con las normas vigentes. En otros casos, sin vulnerarse los principios legales se recurre a procedimientos ilegítimos. Estos factores pueden lesionar la integridad del proceso electoral, y señalan conductas contra las cuales las MOE tienen que prevenir.

Las Misiones han sido llevadas a cabo exclusivamente por grupos de observadores internacionales civiles y de carácter multidisciplinario, incluyendo expertos en asuntos electorales, leyes, ciencias políticas, educación, ciencias de la información, estadísticas, comunicaciones, logística y otras disciplinas. A menudo, en un ambiente político sensible, los observadores se distribuyen a través del país con el propósito de cubrir el proceso electoral en la mayor parte de los distritos urbanos y rurales posibles. Un sistema de comunicación y transporte propio permite a la Misión mantener a sus observadores en permanente comunicación entre sí.

El presente volumen tiene por finalidad poner a disposición, tanto del público general como especializado, una selección del material relevante vinculado con algunas de las MOE realizadas. Hacemos votos para que el estudio y análisis de estas experiencias contribuyan a un mayor conocimiento de la realidad de los países de la región a la vez que profundicen los valores y prácticas democráticas en los albores del siglo XXI.

Elizabeth M. Spehar
Coordinadora Ejecutiva
Unidad para la Promoción de la Democracia

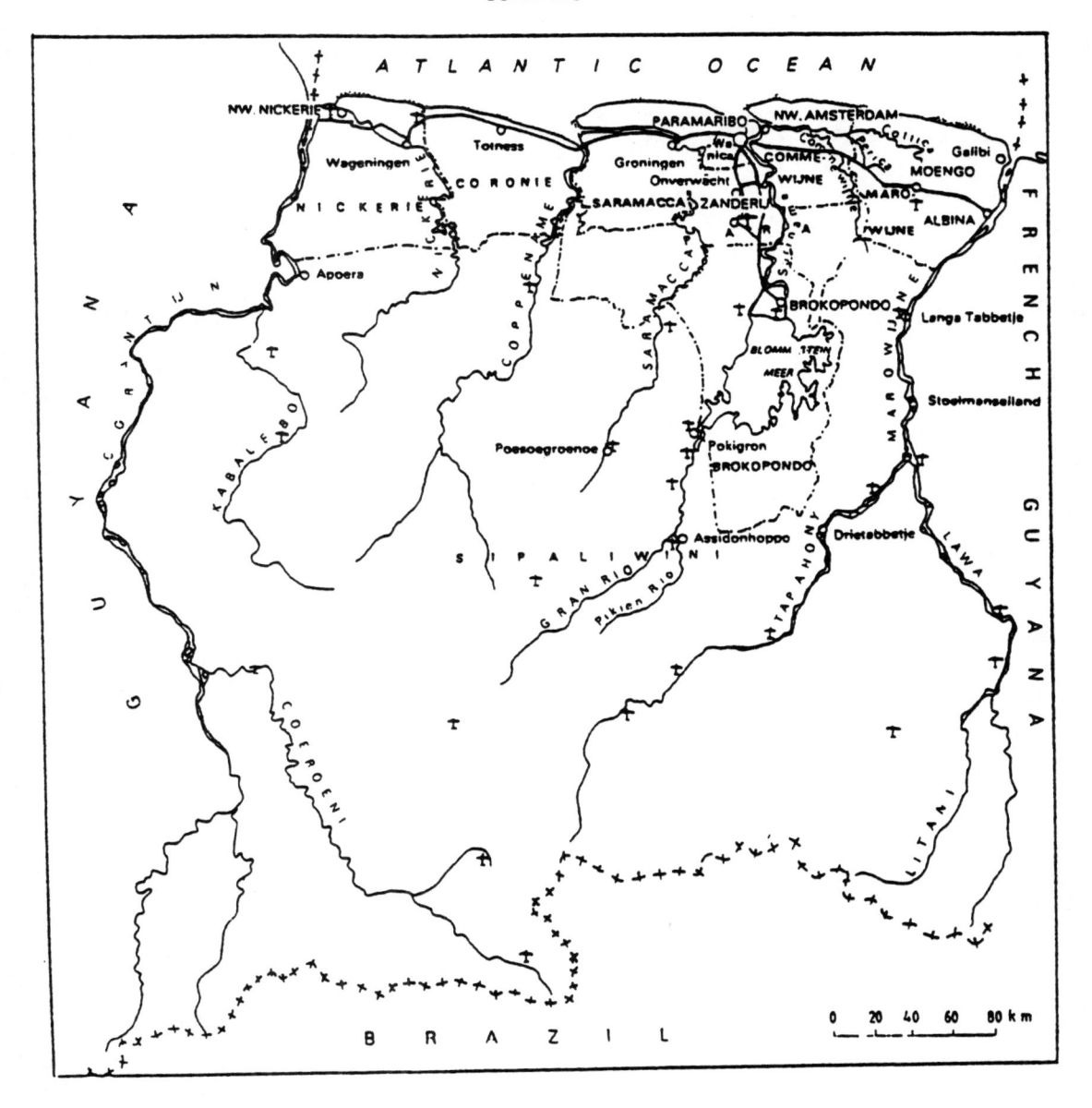

SURINAME

SIGLAS UTILIZADAS EN EL DOCUMENTO

AEC	Autoridad Electoral Central
AF	Foro Alternativo
Akurio	Pueblo indígena que vive en las tierras altas cerca de la frontera con Brasil
Amerindios	Indígenas descendientes de los habitantes originales Arawak y Caribes, son el 1% de la población
Asamblea Nacional	Compuesta por 51 miembros es unicameral
Asamblea de la Unidad Popular	Asamblea especial que reúne a todos los funcionarios electos y que debe elegir al Presidente y al Vicepresidente en caso que la Asamblea Nacional no lo haya hecho después de dos rondas de votación, tiene funciones legislativas
BEP	Fraternidad y Unidad en Política
Chinos	Una de las minorías étnicas que alcanzan al 2% de la población
Creole	Una persona que es racialmente una mezcla de ascendientes europeos y negros africanos. Este grupo representa la segunda minoría en importancia ya que alcanza al 32% de la población
DA'91	Partido Alternativa Democrática
Conteo rápido	Procedimiento de auditoría estadística diseñado para el uso de pequeñas muestras de resultados no-oficiales para predecir un resultado final.
FA	Foro de Alternativa
FUP	Fraternidad y Unidad Política

Hakka	Una de las lenguas que hablan las minorías chinas
Hindostanos	Descendientes de hindúes-pakistaníes que forman el más importante grupo étnico ya que representan el 38% de la población
HPP	Partido Progresista Renovado
Javaneses	Minoría étnica que comprende al 15% de la población
JEI	Junta Electoral Independiente
KTPI	Partido por la Unidad y la Armonía
Maroons	Descendientes de los esclavos negros fugitivos, representan el 10% de la población
	Ministerio del Interior Ministerio encargado de la organización de las elecciones
NDP	Partido Nacional Demócrata
Sarnani	Uno de los dialectos derivados del hindú que es hablado por la población hindostana
NF	Coalición Nuevo Frente
NPS	Partido Nacional de Suriname
PALU	Unión Progresista de Obreros
Pendawalima	Partido formado por los grupos javaneses
	PSV Partido Popular Progresista de Campesinos
PBP-ABOP	Partido Ruralista/Coalición General de Partidos de la Liberación y el Desarrollo
PPRS	Partido por el Desarrollo de Suriname
SPA	Partido del Trabajo de Suriname
Sranan Tongo	Lengua franca que se habla en la mayor parte del país
Tarjeta electoral	Tarjeta que se envía a todos los votantes habilitados para sufragar y que les permite hacerlo el día de la elección
Trio	Pueblo indígena que vive en las tierras altas cerca de la frontera de Brasil
UNCHR	Alto Comisionado de las Naciones Unidas para Refugiados
VHP	Partido Reformista Unido
VP	Partido del Pueblo
Wai	Pueblo indígena que vive en las tierras altas cerca de la frontera con Brasil
Wayara	Pueblo indígena que vive en las tierras altas cerca de la frontera con el Brasil
Zonas de guerra	Zonas de conflicto civil que incluye el Distrito de Marowijne, Brokopondo, Para y Sipaliwini

Introducción

El 25 de mayo de 1991 el pueblo de Suriname concurrió a votar para elegir a 51 miembros de la Asamblea Nacional y 723 representantes de las Juntas Locales de las 82 Municipalidades del país. Esto marcó el fin de una larga transición que abarcó once años de gobierno militar hasta reestablecer un sistema democrático.

Con una concurrencia del 69%, la población de Suriname eligió para la Asamblea Nacional 30 representantes de la coalición Nuevo Frente (NF), 12 pertenecientes al partido gobernante Partido Nacional Demócrata (NDP) y nueve de la Coalición de Alternativa Democrática '91 (DA'91). Además de ellos, el NF dominó las elecciones de Juntas Locales, recibiendo 583 bancas, el NDP 98, el DA'91 41 y la Unión Progresista de Obreros y Campesinos (PALU) uno. Las elecciones de Juntas de Distritos fueron directamente determinadas por los resultados locales y fueron los siguientes: NF 81 bancas, NDP 18 bancas y DA'91 cinco bancas. En varios municipios la elección fue declarada no válida por la Junta Electoral Independiente a causa de insuficiente cantidad de votos o de candidatos. Estas elecciones se reprogramaron para el 3 de agosto.

Como especificó la Constitución de 1987, la Nueva Asamblea Nacional debía elegir un Presidente y un Vicepresidente. Luego de dos rondas de votación en los que ningún candidato pudo obtener los dos tercios requeridos, la elección recayó en la Asamblea de la Unidad Popular, una reunión especial de todos los nuevos representantes electos a nivel local, distrital y nacional. El líder del Frente Nacional, Ronald Venetiaan, fue finalmente elegido el 6 de septiembre de 1991 y entonces prestó juramento como presidente el 16 de septiembre de ese mismo año. La Asamblea Nacional eligió a Jules Ajodhia (NF) como Vicepresidente.

La Organización de los Estados Americanos por invitación del Gobierno de Suriname, envió una Misión de Observación Electoral (MOE) para observar todas las fases del proceso electoral e informar cualquier irregularidad o interferencias en el proceso a la Junta Electoral Independiente. La Misión comenzó el 13 de febrero de 1991, con bastante antelación al comienzo de la campaña electoral y finalizó con la investidura del Presidente y el Vicepresidente el 16 de septiembre. Para el día de la elección, 40 observadores pertenecientes a 16 Países Miembros estuvieron distribuidos a lo largo de todo el territorio de Suriname. El costo total de la Misión fue de U$463.242,00.

Las elecciones del 25 de mayo se realizaron como habían sido programadas, de una manera ordenada y pacífica y sin actos serios de violencia vinculados con las mismas. La votación en si misma estuvo extremadamente bien organizada y permitió a los observadores el libre acceso a casi todos los circuitos electorales. No obstante, existieron problemas en las áreas de registro, la distribución de las tarjetas electorales y el bajo nivel de concurrencia de los refugiados el día de la votación. En gran medida, estas dificultades fueron atribuidas a la guerra civil que aún tenía efectos sobre la vida del país y a la falta de experiencia electoral. Aunque la Misión observó varios problemas que afectaron la participación, en general, las elecciones fueron realizadas con la suficiente calma, transparencia, libertad y honestidad como para ser declaradas válidas.

CAPÍTULO I
Aspectos generales de Suriname

Geografía

Ubicada sobre el sector noreste de América del Sur, la República de Suriname se caracteriza por poseer una costa estrecha y pantanosa, bosques y sabanas en el centro del territorio, y hacia el sur se encuentran montes cubiertos por vegetación selvática. La frontera oriental está formada por el Río Marowijne, que separa Suriname de la Guayana Francesa. La frontera occidental está formada por el Río Corantijn, que separa al país de Guayana y hacia el sur, es la divisoria de aguas de la llanura guayanesa, la que sirve de frontera meridional separando a Suriname del Brasil. De clima tropical, Suriname cubre un área de 163.829 Km2 (aproximadamente el tamaño del Estado de Wisconsin en Estados Unidos de América), se sitúa entre el nivel del mar y una altura máxima 1.230 mts. A pesar de la proximidad con el Brasil, existe un contacto muy escaso con ese país vecino; la mayoría de la población habita a lo largo de una estrecha franja costera.

Demografía

Como resultado de la extensión de la educación primaria, la mayor parte de la población joven de Suriname puede leer y escribir el Holandés, que es la lengua oficial. No obstante, el país mantiene un acervo lingüístico, religioso y cultural muy rico. Amerindios, descendientes de los habitantes Amerindios, principalmente los indios Arowak y Caribes, alcanzan al 1% de la población y viven en las riberas del Río Marowijne. Sólo los ancianos aún hablan el caribe y el arawak con fluidez. Los jóvenes se expresan, en su mayor parte, en sranan tongo, lengua franca que se habla en la mayor parte del país. Además, los indígenas de las tierras altas viven junto a los tramos superiores de los ríos Tapanahony y Lawa y cerca de la frontera con Brasil. Los cuatro grupos principales son: Trio, Wayana, Wai y Akurio. Esos grupos han vivido en relativo aislamiento y aún hablan sus lenguas nativas.

4 *Aspectos generales de Suriname*

Los dos mayores grupos étnicos son los hindostanos (descendientes de indúes y pakistaníes) y los creoles (mezcla entre europeos y personas con herencia negro-africana). Estos dos grupos representan el 38% y el 32% respectivamente, de los 413.000 habitantes. Los descendientes de los africanos de raza negra esclava y los grupos que llegaron al país como fuerza de trabajo contratada conforman el tercio adicional de población, divididos en varios grupos étnicos: javaneses (15%), maroons (10%) y chinos (2%). El resto que alcanza cerca del 2% está conformado por europeos, especialmente holandeses. Entre algunas de las lenguas que aún se usan, se pueden mencionar Sarnami (un derivado de los dialectos hindúes), javanese, hakka (hablado por los grupos étnicos chinos) y mandarín. El inglés es comprendido por la mayor parte de la población.

Economía

Suriname es un país en desarrollo con una economía basada en la minería y el procesamiento de metal, pero con un potencial en los sectores de la agricultura, la pesca y la riqueza forestal. Su comercio exterior gira en torno al aluminio, bauxita y arroz; siendo sus principales compradores Noruega, los Países Bajos y Estados Unidos de América. Importa petróleo, maquinaria, alimentos, algodón y productos manufacturados de Estados Unidos, las Antillas Holandesas y Trinidad y Tabago. Al momento de las elecciones de 1991, el Producto Interno Bruto alcanzó a US$14.000 millones, y medido por habitante a US$3.010. El promedio anual de inflación fue para el período 1980-89 del 6,2% con un crecimiento global durante el mismo período que mostró una declinación del 2,6%.

Indicadores sociales

Más de la mitad de la población vive en la Capital, Paramaibo, que posee 241.000 habitantes. La esperanza de vida es muy alta, 73 años para las mujeres y 68 para los hombres (se incrementó 10 años desde 1960). El analfabetismo alcanza al 5% de la población. Respecto a las inclinaciones religiosas, el 27% son hindúes, 25%, protestantes, 23% católicos y 20% musulmanes. Desde una perspectiva general, Suriname fue clasificado en el lugar 56 entre 160 países según el Índice de Desarrollo Humano de las Naciones Unidas.

Historia

Hasta mediados del siglo XVII, los únicos habitantes de Suriname eran diversos pueblos indígenas. Aunque los británicos fueron los primeros en asentarse en ese territorio en 1651, 16 años más tarde lo canjearon con los Países Bajos por la Colonia de New Amsterdan que hoy es Manhattan, New York. En los 150 años posteriores una serie de guerras y tratados fueron cambiando la posesión de este territorio entre Holanda, Inglaterra y Francia, siendo la primera de estas naciones la que lograría el control en 1815.

En 1955, Suriname logró su autonomía política de Holanda en sus asuntos internos, en tanto que las relaciones exteriores siguieron manejándose en el marco de la Carta y Constitución del Reino de los Países Bajos. En 1975, lograron la completa independencia de Holanda. En 1980, las Fuerzas Armadas tomaron el poder instalando un gobierno cívico-militar que, de hecho, permaneció bajo el control de los militares.

A mediados de 1986, la zona de Moengo en el distrito de Marowijne, que linda con la Guayana Francesa, se convirtió en escenario de un conflicto interno, que en los años siguientes se propagó al Suriname central y occidental, en los distritos Brokopondo, Para y Sipaliwini. Es una zona poblada principalmente por Maroons Ndjuka, descendientes de esclavos fugitivos que se instalaron allí durante el siglo XIX para trabajar en el comercio de madera. En el momento de la elección, más de 6.000 refugiados habían abandonado las "zonas de guerra" y se habían instalado en campamentos en territorio de la Guayana Francesa, y cerca de 2.700 se habían desplazado internamente y se estimaba en miles los que habían dejado el país.

El 24 de diciembre de 1990, las Fuerzas Armadas desplazaron al gobierno electo del Presidente Ramsewak Shankare. Los miembros del Gabinete presentaron de inmediato sus renuncias siguiendo a la designación de Jules Johan Kraag a la Presidencia de la Asamblea Nacional. Se prometieron nuevas elecciones dentro de los próximos 100 días a partir del Golpe, pero en realidad tuvieron lugar el 25 de mayo de 1991.

Observaciones de la Comisión Interamericana de Derechos Humanos

Los siguientes extractos pertenecen al *Informe Anual de la Comisión Interamericana de Derechos Humanos 1990-1991* (pp. 529-534) y se refieren a la situación de los derechos humanos en Suriname en aspectos de estrecha vinculación con las elecciones de 1991.

Aún cuando la situación reciente parezca calma y haya sido descrita por varios observadores surinameses como tendencia de espera', de tranquilidad, pero precaria' o como un período de descanso', hay una lucha esporádica, pero continua entre el Ejército y el Comando de la Jungla. El gobierno civil, democráticamente electo no ha podido ejercer control sobre el Ejército y éste ha usurpado el papel que apropiadamente le corresponde al gobierno para buscar soluciones a estos problemas.

A la comisión le preocupan mucho los informes que indican que el Ejército está adiestrando grupos amistosos ' de una milicia paramilitar formada por miembros de los grupos denominados Tucayama Amazonas (amerindios) y Mandela (cimarrones) en Ayoko Cserme, una base del Ejército situada cerca del Aeropuerto Zanderij. Igualmente preocupante resulta la práctica de permitirle a soldados con escaso adiestramiento llevar sus armas a su hogar cuando están fuera de servicio. Debido a esta práctica y a la severa situación económica de Suriname no es sorprendente que haya aumentado el número de robos a mano armada, de los cuales se acusa al personal militar.

Más aún, durante el período en cuestión, no recibió quejas por tortura o detención arbitraria de civiles. Generalmente se respeta la correspondencia postal y se limita la libertad de tránsito únicamente en las zonas de conflicto y en los puestos de control militar fuera de los centros urbanos.

Las organizaciones no gubernamentales de derechos humanos informan que en Suriname se respetan las libertades de reunión, asociación y credo, a pesar que los medios de información del país practican la autocensura. Esto se refleja en la tardanza con que se publican las noticias relativas a los casos mencionados anteriormente. Reconociendo la verdadera situación de poder en el país, la prensa critica libremente a los líderes políticos civiles del país, pero raramente, si alguna vez lo hacen, a las autoridades del Ejército.

CAPÍTULO II
La misión de la OEA

Invitación

El Presidente de Suriname, Excelentísimo Sr. Johannes P. Kraag, en carta fechada el 31 de enero de 1991, invitó al Secretario General de la Organización de Estados Americanos, Embajador João Clemente Baena Soares, a observar el proceso electoral de Suriname en el contexto de la elección que debía realizarse el 25 de mayo de 1991. El Secretario General aceptó la invitación y designó al funcionario de la OEA, Sr. Edgardo Reis, como coordinador de la MOE.

Mandato

El alcance y el propósito de la Misión fueron establecidos en dos acuerdos formales firmados por el Gobierno de Suriname y la OEA durante la visita efectuada al país por el Secretario General del 18 al 20 de marzo de 1991. En el primero de ellos se estipulaba que los observadores serían provistos de credenciales y se permitiría su acceso a los registros de los electores y a los centros de votación y asimismo, se facilitaría el trabajo de la Misión. También se dejó constancia que la Misión debería informar al Gobierno de Suriname a través del Consejo Electoral Independiente de cualquier irregularidad o interferencias observadas en el proceso electoral.

El segundo acuerdo brindaba a los observadores el acceso a todos los lugares del territorio de Suriname y acordaba a cada observador capacidad legal, los privilegios e inmunidades necesarias para el ejercicio de sus funciones y el cumplimiento de sus propósitos. Como contrapartida, la OEA se comprometía a que su trabajo sería orientado por las normas constitucionales, legales y reglamentarias en vigencia en Suriname.

Duración/Tamaño/Costo

La duración de la Misión se extendió durante todo el proceso electoral. Un grupo de avance de cuatro miembros bajo la coordinación del Sr. Reis, arribó a Suriname el 13 de febrero, el primer día en que se publicaron los padrones electorales. En las semanas que antecedieron a la elección, el número de observadores se fue incrementando hasta alcanzar a 40 pertenecientes a 16 Estados Miembros:

> Antigua y Barbuda, Argentina, Brasil, Canadá, Chile, Costa Rica, Estados Unidos, Granada, Jamaica, México, Santa Lucía, San Cristóbal y Nieves, San Vicente y las Granadinas, y Trinidad y Tabago. A partir de junio un grupo de observadores permaneció en Suriname hasta que asumieron sus cargos el Presidente y el Vicepresidente, el 16 de septiembre de 1991. El costo total de la Misión alcanzó a US$463.242,00. La situación al 31 de octubre de 1991, era la siguiente:

Gastos de la Misión

Concepto	Costo
Tiempo extra	US$17,00
Viajes/Per Diem	US$318.104,00
Documentos/Equipos	US$27.231,00
Alquiler/Alojamiento	US$15.076,00
Expertos	US$51.908,00
Comunicaciones/Seguros	US$50.906,00
	US$463.242,00

La MOE en Suriname fue financiada con recursos del Fondo Voluntario, conforme a la Resolución CP/RES. 553 (840/90) y de acuerdo con la propuesta del Comité de Asuntos Administrativos y Presupuestarios referente al uso de US$500.000,00 por parte de la UPD a los efectos de la observación del proceso electoral en Suriname.

El Gobierno de Holanda puso a disposición de la Misión 16 camionetas NISSAN, modelo Patrol 4X4, las que fueron devueltas al gobierno holandés tras las elecciones. La Misión utilizó también equipo de Fax, computación, radiocomunicaciones y otros, donados por los Gobiernos de Japón, Francia y Estados Unidos.

Organización

La Misión de Observación cubrió la totalidad del territorio de Suriname. A principios de mayo se establecieron las oficinas en Brokopondo, Nickerie, Para, Marowijne y Coronie, que se agregaron a las oficinas centrales de Paramaibo. A cada distrito se asignó un coordinador; los de Saramacca, Wanica y Sipaliwini usaron las oficinas centrales como base.

Llegado el día de las elecciones, la Misión había establecido un sistema de comunicaciones independiente para que los observadores pudieran comunicarse eficazmente con la sede desde cada uno de los distritos. Se instalaron además máquinas de fax cuando se contaba con líneas telefónicas, para facilitar la remisión de los informes a la sede. Asimismo, se efectuaron diariamente traducciones de artículos sobre el proceso electoral aparecidos en los dos principales diarios de Suriname, junto con otros documentos pertinentes que aparecían sólo en holandés. Esas traducciones se recopilaron en un boletín noticioso intitulado *The Observer*, que se distribuyó entre todos los observadores y que ayudó a superar la barrera del idioma que afectaba a algunos de ellos.

Actividades

Las actividades de la Misión se centraron en torno a las siguientes fases del proceso electoral: inscripción de los electores, partidos políticos y candidatos; la campaña electoral; el día de la elección; el escrutinio; la elección del Presidente y Vicepresidente a cargo de la Asamblea Nacional y la inauguración del nuevo gobierno. Además, la Misión de OEA observó la llegada, la votación y el retorno de los ciudadanos de Suriname refugiados en campamentos de la Guayana Francesa quienes fueron transportados por la Municipalidad de Albina para votar. Para estimar los resultados de la votación, el personal de la Misión realizó paralelamente un "escrutinio rápido" por medio de una hoja tabulada. Éste fue realizado sobre la base de las muestras estadísticas que proveyeron los observadores desde los circuitos electorales.

Debe añadirse que el personal de la OEA recibió e investigó denuncias durante todas las fases del proceso electoral.

Con respecto a la campaña electoral, la Misión asistió a un total de 149 mítines políticos que tuvieron lugar en nueve distritos. La tabla que se adjunta a continuación indica el número de locales de votación en cada distrito y aquéllos que fueron visitados por los observadores de la OEA en cada distrito.

CUADRO 1

CIRCUITOS ELECTORALES VISITADOS POR LOS OBSERVADORES DE LA OEA

Distrito	Número Visitado	Total Por Distrito
Paramaribo	80	228
Wanica	61	69
Nickerie	31	31
Coronie	4	4
Saramacca	19	19
Commewijne	25	28
Marowijne	8	10
Para	14	16
Brokopondo	4	8
Sipaliwini	15	30

Para el día de las elecciones se solicitó a los observadores que prestaran especial atención, entre otros aspectos, a constatar si las organizaciones políticas tenían representantes en los locales de votación. Además, por cada uno de los locales visitados, los observadores respondieron por escrito un cuestionario estándar en cuanto al cumplimiento o incumplimiento de los procedimientos prescritos. Esos formularios fueron remitidos en su totalidad a la Sede, junto con los comentarios de los observadores y sirvieron para la redacción del informe final. La Misión cubrió 299 de los 433 locales de votación que representa un 69% del total y visitó los 10 distritos en que se divide el país.

Desde su establecimiento en febrero, la Misión de la OEA se reunió regularmente con funcionarios de la AEC, con el ministro del Interior Dr. Johannes Breeveld, con el Presidente de la JEI, Samuel F. Polanen, con el ministro de Relaciones Exteriores, Robby Ramlakhan, con cada uno de los 11 Comisionados de Distrito y con representantes de todas las organizaciones políticas que competían en las elecciones. Además se realizaron reuniones con el Presidente Johannes Kraag, con el Vicepresidente Jules Wijenbosch, con representantes de la prensa y con diplomáticos extranjeros.

CAPÍTULO III

Marco electoral

Sistema de gobierno

La República de Suriname se encuentra dividida en 10 distritos y 82 municipalidades (conocidas como "resorts"). El Presidente es elegido directamente por una Asamblea Nacional de 51 miembros y es a la vez el Jefe del Estado y del Gobierno. Cada distrito elige para la integración de esta Asamblea un número específico de representantes en proporción a su población. El Presidente del país designa a los Comisionados de cada distrito. Paramaibo, el distrito más grande del país, tiene dos Comisionados. La integración de los consejos distritales está determinada por los resultados de las elecciones municipales y el número de miembros que integran los consejos locales, y los distritales dependen de la cantidad de población.

La elección de la Asamblea Nacional se realiza mediante la utilización de un sistema de representación proporcional, usando la fórmula de los mayores porcentajes y un régimen preferencial (Art. 61 de la Constitución). Esto significa que las personas votan directamente sólo por un candidato, pero todos los votos se transfieren al partido que el candidato representa. La Ley Electoral establece que todos los candidatos que hayan superado una cuota determinada (el total de votos emitidos por una organización política dividido por el número de bancas adjudicadas a la misma) han sido electos por el régimen preferencial. Los candidatos que lleguen como máximo a la cuota son seleccionados en el orden que haya determinado la organización política en una lista de candidatos. Las bancas restantes se dividen siguiendo ese orden.

Por el contrario, las elecciones para las Juntas Locales se basan en un sistema de elección individual por pluralidad de votos. Se vota directamente por un candidato y los candidatos son elegidos por mayoría simple, sea cual fuere su afiliación partidaria. El votante puede votar por el número de bancas existentes en su Junta Local. Por ejemplo, si la Junta Local se compone de 17 miembros, el votante puede marcar un máximo de 17 círculos en la lista.

Para determinar quién será el Presidente y el Vicepresidente, la Constitución de Suriname de 1987 establece que la nueva Asamblea Nacional debería elegir al Presidente y Vicepresidente dentro de los 60 días posteriores a la realización de la elección. Si después de dos rondas de votación, ningún candidato obtuviera los dos tercios requeridos para ser elegido Presidente, o la mayoría en el caso de Vicepresidente, entonces debe convocarse a la Asamblea de la Unidad Popular que está compuesta por todos los integrantes de los cuerpos recientemente electos (Asamblea Nacional, Consejos Distritales y Consejos Locales) que se encargará de elegir a las autoridades del Poder Ejecutivo.

El 25 de mayo de 1991, el pueblo de Suriname concurrió a votar para elegir a 51 miembros de la Asamblea Nacional y representantes de los 10 Consejos Distritales y 62 Juntas Locales. Estos representantes, entonces, procedieron a elegir al Vicepresidente en la Asamblea Nacional y al Presidente por medio de la Asamblea de la Unidad Popular.

CUADRO 2

CARGOS A ELEGIR DESAGREGADOS POR DISTRITO

Distrito	Población al 01/03/91	Votantes Habilitados	Bancas de la asamblea Nacional	Número de Municipalidades
Paramaribo	205,995	133,311	17	12
Wanica	69,935	42,938	7	7
Nickerie	32,755	19,891	5	5
Coronie	2,636	1,825	2	3
Saramacca	11,695	7,779	4	6
Commewijne	19,673	12,894	4	6
Marowijne	15,272	4,919	3	6
Para	11,667	7,799	3	5
Brokopondo	8,235	2,902	3	6
Sipaliwini	28,870	13,254	4	6
TOTAL	**400,073**	**247,512**	**51**	**62**

Fuente: Oficina Central de Asuntos Demográficos (CBB), Suriname.

Administración electoral

Como se encuentra detallado en el Código Electoral de 1987, el ministro del Interior es responsable por la organización de las elecciones en Suriname, delegando las operaciones diarias en la Autoridad Electoral Central (AEC). Una entidad autónoma separada conocida como la JEI, es responsable de supervisar el trabajo electoral de la AEC y del Ministerio del Interior y para declarar si los resultados de la elección son obligatorios una vez que fueron anunciados por la AEC. A nivel distrital, la organización electoral es también ejecutada por comisionados distritales en cooperación con la AEC.

Calendario electoral

En enero de 1991 se estableció un calendario electoral conforme a la legislación electoral del país; a saber:

12 de febrero:	Apertura de los padrones electorales para su inspección.
15 de marzo:	Cierre de los padrones electorales.
18 al 23 de marzo:	Registro de partidos ante la AEC.
9 de abril:	Presentación de listas de candidatos.
17 de abril:	Publicación de las conclusiones de la AEC sobre la validez de las listas y la habilitación de los candidatos.
18 al 20 de abril:	Plazo de apelación.
28 de abril:	Declaración final del Presidente sobre el resultado de las apelaciones; publicación de las listas finales de candidatos.
25 de mayo:	Día de las elecciones.
13 de junio:	La AEC anuncia los resultados oficiales. Se presentan el mismo día a la JEI.
20 de junio:	La JEI declara si los resultados son legalmente obligatorios o no. Las personas electas reciben una copia del acta oficial de votación en la que se le notifica quéó han sido elegidos y se les solicita que acepten o rechacen el cargo. La distribución de las copias es efectuada a través de los Comisionados de Distrito, como lo dispone la Ley (Art. 135 de la Ley Electoral).
4 de julio:	El Presidente recibe el juramento del nuevo Presidente Provisional, que es el miembro de la Asamblea Nacional recién electo de más edad (conforme al artículo 66 de la Constitución).

Inscripción de los electores

Por lo general, existen tres etapas que cada ciudadano de Suriname debe cumplir para poder ejercer su derecho a sufragar:

inscripción, verificación del registro y entrega de la tarjeta de votación. Los ciudadanos deben inscribirse en las oficinas gubernamentales al alcanzar los 16 años de edad y su nombre se incorporará al padrón electoral cuando alcance los 18 años. Sólo las personas de nacionalidad surinamesa que hayan cumplido los 18 años de edad el día en que cierra administrativamente el padrón electoral tienen derecho a voto. Sólo en dos casos una persona puede ser privada de ejercer ese derecho:

a) si ha sido privada de su libertad por decisión judicial;
b) si una corte de justicia la ha declarado insana o incapaz de manejar o disponer de sus bienes.

En el caso de las elecciones de 1991, los electores necesitaron visitar la oficina de su Comisionado distrital entre el 12 de febrero y el 15 de marzo de 1991 para verificar si sus nombres aparecían correctamente en los padrones electorales. Por último, a más tardar el 22 de mayo toda persona habilitada para votar debía haber recibido una tarjeta de invitación (literalmente una "invitación" a votar) en que figura en el padrón electoral del Comisionado de distrito del distrito. Aunque legalmente, un elector no necesitaba poseer esta tarjeta para estar habilitado para sufragar, la mayoría de los ciudadanos no lo sabían. En la práctica, el Gobierno vio a esta disposición electoral sólo como una medida de último recurso. La tarjeta de votación incluye la siguiente información:

a) El nombre de los órganos con respecto a los cuales se realizan las elecciones.
b) El nombre completo del votante.
c) Fecha de nacimiento.
d) El número correspondiente al votante en el padrón electoral que debe usarse para la votación.
e) La fecha de expedición y el número del documento de identidad que el votante usó para registrarse.
f) El distrito electoral (idéntico al geográfico) y el número de la zona a la que pertenece el votante.
g) El día y el horario en que la elección tendrá lugar.

Al votante que perdió su carnet electoral o que no lo haya recibido, el Comisionado del distrito debe emitirle una tarjeta (o duplicado) si lo solicita, siempre que pueda identificarse debidamente. La Ley permite que los funcionarios del circuito electoral expidan una tarjeta de votación el mismo día de la elección, pero todos los partidos participantes esperaban que no tuvieran que ocuparse de esa actividad el día de las elecciones. Al expedirse un duplicado la tarjeta original queda anulada.

Inscripción de los partidos políticos

Entre el 18 y el 23 de marzo, los partidos políticos tuvieron la oportunidad de registrarse oficialmente en la JEI ante la AEC para dar a conocer su intención de participar en las elecciones del 25 de mayo. Debían cumplir ciertos requisitos para poder inscribirse, la más importante era la presentación de una lista de miembros que revelara que eran respaldados por no menos del 1% de los habilitados para votar en el país.

Ocho organizaciones políticas, formadas mayormente a partir de líneas étnicas y lingüísticas completaron los requisitos satisfactoriamente cerca de la fecha límite para ese procedimiento que era el 9 de abril. Cinco partidos concurrieron con su propia fórmula, mientras otros diez formaron tres coaliciones. A continuación se describe brevemente cada uno de estos partidos.

a) *Alternativa Democrática '91 (DA'91)*

Formada pocos meses antes de la elección, la DA'91 fue una coalición de cuatro partidos: Foro de Alternativa (FA), Fraternidad y Unidad Política (FUP), Partido Progresista Renovado (HPP) considerado un partido hindostano y pendawalima, cuyos sostenedores pertenecían, en la mayor parte, a la comunidad javanesa. Todos estos partidos se vieron a sí mismos como una corriente renovadora frente a la otra gran coalición, el Nuevo Frente, de cuyos partidos, eran desprendimientos.

b) *Partido Nacional Demócrata (NDP)*

El NDP fue fundado oficialmente en 1987 y comúnmente se lo vinculó por sus estrechas relaciones con las Fuerzas Armadas. En sus publicaciones se defienden las actividades de los gobiernos militares en general. Posee una estructura muy bien organizada y se dirige principalmente a las nuevas generaciones del país. Como titular del gobierno el NDP tuvo acceso privilegiado a los recursos de propiedad estatal, incluida la estación de TV del gobierno, STVS.

c) *Coalición del Nuevo Frente (NF)*

El NF estuvo compuesto por cuatro partidos: Partido por la Unidad y la Armonía (KTPI), Partido Nacional de Suriname (NPS), constituido básicamente por representantes de la población creola; Partido del Trabajo de Suriname (SPA), cuyos adherentes provienen del Movimiento Obrero y Partido Reformista Unido (VHP) que era el partido hindostano tradicional. Antes de 1991, el NF era conocido simplemente como Frente y ocupó el poder desde 1987 hasta el golpe de 1990. Esta coalición congregó a muchas de las figuras prominentes en la política de Suriname de los últimos 20 años.

d) *Partido por el Desarrollo de Suriname (PPRS)*

Este partido estuvo conformado primordialmente por javaneses, pero realizó una combinación de esfuerzos para atraer a otros sectores de la población. En los distritos en que el PPRS no pudo presentar candidatos, apoyó a los candidatos del NDP.

e) *Partido del Pueblo (VP)*

El VP es un partido de base formado poco antes de la independencia de 1975 y que concentró sus esfuerzos en el trabajo comunitario en la capital de Suriname.

f) *Unión Progresista de Obreros (PALU)*

El PALU era un partido multirracial fundado en 1977 y que tenía grandes espectativas para las elecciones del 25 de mayo. Fue el único partido, además del NDP, que pudo presentar candidatos propios en los diez distritos.

g) *Partido Popular Progresista de Campesinos (PSV)*

El PSV fue el Partido Demócrata Cristiano de Suriname. En las elecciones del 25 de mayo se le unió el partido de Unión Nacional que no cumplió los requisitos para registrarse como contendor en estas elecciones dentro del plazo que expiró el 23 de marzo.

h) *Partido Ruralista/Coalición General de Partidos de la Liberación y el Desarrollo (PBP-ABOP)*

La coalición PBP-ABOP representa a los maroons del interior de Suriname.

CUADRO 3

CANDIDATOS A LA ASAMBLEA NACIONAL
ORGANIZACIONES POLÍTICAS POR DISTRITOS

Paramaribo	DA'91	NDP	NF	PALU	PBP/ABOP	PRS	PSV	VP
Wanica	DA'91	NDP	NF	PALU	---	PPRS	PSV	---
Nickerie	DA'91	NDP	NF	PALU	---	PPRS	PSV	---
Coronie	DA'91	NDP	NF	PALU	---	---	PSV	---
Saramacca	DA'91	NDP	NF	PALU	---	---	---	---
Commewijne	---	NDP	NF	PALU	PBP/ABOP	PPRS	---	---
Marowijne	DA'91	NDP	NF	PALU	PBP/ABOP	PRSP	---	---
Para	DA'91	NDP	NF	PALU	---	PPRS	PSV	---
Brokopondo	DA'91	NDP	NF	PALU	PBP/ABOP	---	---	---
Sipaliwini	DA'91	NDP	NF	PALU	PBP/ABOP	---	---	---

Inscripción de los candidatos

El plazo de inscripción de candidatos expiró el 9 de abril. El gráfico siguiente muestra el número de candidatos presentados en cada distrito correspondiente a cada uno de los órganos cuyos miembros se elegían.

CUADRO 4

NÚMERO DE CANDIDATOS POR DISTRITO Y POSICIÓN

Distrito	Totales	Asamblea Nacional	Juntas de Distritos	Juntas Locales
Paramaribo	1,282	187	166	929
Wanica	663	80	122	461
Nickerie	438	61	80	297
Coronie	181	41	51	89
Saramacca	330	45	71	214
Commewijne	451	64	89	298
Marowijne	312	50	78	184
Para	281	50	83	48
Brokopondo	235	41	56	138
Sipaliwini	294	57	68	169
TOTAL				4,467

La campaña electoral

La campaña política empezó a mediados de abril. El 12 de abril, en una reunión con representantes de los partidos políticos convocada por el ministro del Interior, se convino que no se colocarían estandartes ni carteles hasta fin de mes. Además, se pidió a las organizaciones políticas que pagaran su propaganda en la televisión, salvo 103 minutos (el 16% del espacio asignado equitativamente a cada partido), que serían pagados por el Estado.

El día de la elección

Conforme a la Ley, el número de circuitos electorales de cada municipalidad depende de su población, debiendo establecerse un circuito electoral por cada 500 electores habilitados para votar. Cada uno de los 10 distritos tiene además una oficina electoral principal a cargo del Comisionado del distrito, en la que se supervisan las actividades de los diversos circuitos electorales, pero no se vota.

En cada circuito electoral se usaron dos hojas de votación: una azul para los miembros de la Asamblea Nacional y una blanca para las Juntas Locales (ver Anexos). Como cada distrito tiene diferentes candidatos, tiene diferentes hojas de votación y de igual forma sucede con las municipalidades. Mientras sólo un voto puede librarse en la hoja azul para la Asamblea Nacional, para las elecciones locales el elector puede votar por cada uno de los cargos que se disputan en la Junta Local. Por ejemplo, si la Junta Local está compuesta por 17 miembros el votante puede marcar 17 círculos en la hoja de votación.

Es responsabilidad de cada oficina electoral principal de distrito asegurar que se encuentre disponible un número adecuado de hojas de votación, la tinta indeleble y otros materiales electorales en cada uno de los circuitos electorales antes del inicio de la votación. Las hojas de votación deben remitirse al circuito electoral en uno o más paquetes cerrados herméticamente en el que se indique el número que contiene. En la mesa del centro del circuito electoral debe haber ejemplares del reglamento de las elecciones y un ejemplar del padrón electoral. La mesa debe ubicarse de modo que los votantes puedan observar el proceder del comité electoral.

El día de la elección la votación debe comenzar a las 7:00 y finalizar a las 19:00 horas. En ese momento, un oficial de policía o un funcionario del local de votación debe pararse detrás de la última persona de la fila. Todos los que están delante de esa persona pueden votar.

Antes que comience la votación, el comité electoral debe abrir el paquete que contiene las hojas de votación, contarlas y cerrar la urna con dos candados, después de verificar que está vacía. El Presidente conserva la llave de uno de los candados y otro funcionario del comité electoral nombrado por el Presidente conservará la otra.

Ambas hojas de votación —la blanca y la azul— deben estar autenticadas. Es obligatorio estampar el sello de la República de Suriname en el reverso del lado en que aparecen los nombres de los candidatos y debe hacerse una marca de convalidación con una máquina perforadora. El Presidente del circuito electoral debe comprobarlo antes de entregar la hoja de votación al votante y como prueba de ello, debe estampar su firma en la hoja de votación del lado en que aparece el sello de la República. Antes que el elector deposite la hoja de votación en la urna, el Presidente debe asegurarse, sin tocar el sobre de votación cerrado, que ostenta el sello y la perforación prescritos y su firma.

El Presidente del circuito electoral tiene plena autonomía dentro del mismo y puede determinar quien puede estar presente en él. Aunque en principio, todo ciudadano de Suriname tiene el derecho de estar presente en el recinto mientras se desarrolla el escrutinio esta prerrogativa puede ser anulada en el caso que se considere que esa presencia resulta perturbadora de la actividad.

Si el Presidente llega a la conclusión que el desorden reinante en el circuito electoral o sus alrededores hace imposible continuar la votación puede suspender la misma hasta que crea que el orden se ha restablecido. Si el orden no se restableció el día de la elección, la votación debe reanudarse el lunes siguiente a las elecciones (en este caso el 27 de mayo). En la puerta debe colocarse una notificación de la fecha en que se reanudará la votación.

La votación por poder está permitida, pero sólo cuando una persona confiere a otra una autorización legal para ese efecto. Debe efectuarse por escrito y con la autenticación de las autoridades competentes. Al votar por poder, una persona puede votar dos veces, una por sí misma y otra en representación de aquélla que le delegó ese derecho. Las personas habilitadas para votar por medio de apoderados son:

a) un votante que es designado como funcionario de una mesa de votación en un circuito electoral que esté situado en un distrito electoral en el que no figure en el padrón electoral.

b) un votante que pertenezca al Cuerpo de Policía o al Ejército Nacional y que en virtud de sus obligaciones, no pueda estar presente en el distrito electoral donde aparece su nombre en el padrón electoral.

El escrutinio

Tan pronto como se cierren las urnas, el comité electoral debe determinar:

a) el número de personas que votaron;
b) el número de sobres de votación emitidos;
c) el número de sobres que hay en la urna;
d) el número de votantes habilitados que se abstuvieron de concurrir a votar;
e) el número de sobres de votación que fueron devueltos y quedaron anulados (el votante tiene derecho a recibir un nuevo sobre de votación si comete un error);
f) el número de sobres no utilizados.

Esta información debe registrarse en el "Acta de Cierre" que debe ser firmada por todos los funcionarios del circuito electoral, antes de comenzar a contar los votos que corresponden a cada candidato o partido. Todos los sobres no utilizados junto con los que fueron devueltos y quedaron anulados, las tarjetas de votación y los poderes presentados son envueltos y colocados con el Acta. Todo ciudadano de Suriname que haya presenciado el escrutinio tiene derecho a dejar asentada una queja formal en el

Acta. Labrada el Acta se hace un intervalo de una hora, sin embargo, a los funcionarios no se les permite abandonar el circuito electoral.

Finalizada la pausa, el Presidente y el funcionario que tienen en su poder las dos llaves de la urna abren ésta y vierten las hojas de votación sobre el centro de la mesa. Estas hojas se separan por colores y el número total se compara con el de las personas que, según el registro, han votado. Durante el escrutinio, el Presidente abre cada sobre y anuncia:

a) el nombre o los nombres del candidato (o de los candidatos) por los que se sufragó si se trata de hojas blancas para las Juntas Locales;

b) el nombre del candidato y la indicación de la organización política por la que se sufragó en los casos de las hojas blancas que corresponden a la Asamblea Nacional.

El miembro del comité electoral que sigue en jerarquía debe verificar el voto. Otros dos miembros deben llevar la cuenta de los resultados. La determinación acerca de la nulidad o no de un voto debe realizarse inmediatamente después de abierta la hoja de votación. Entre otras razones, un voto puede declararse nulo si:

a) presenta cualquier escritura que no sean las marcas en los círculos;
b) ninguno de los círculos ha sido marcado;
c) más de un círculo de un voto para la Asamblea Nacional o más del número de votos prescritos para la Junta Local fueron marcados;
d) se votó de modo diferente de lo prescrito por la Ley.

Como en el caso de la suspensión de la votación, el escrutinio también puede ser suspendido y se aplican las mismas normas que regían en ese caso.

A nivel de los circuitos electorales, la obligación final consiste una vez que se completó el escrutinio, registrar los resultados en el Acta de Votación y labrar el Acta. Los resultados y las hojas de votación se trasladan al centro electoral principal en paquetes cerrados herméticamente y guardados bajo llave en las urnas escoltadas por el Presidente, otro funcionario del circuito electoral que corresponde y un policía.

Las oficinas electorales principales usan los resultados de los circuitos para calcular la composición de las Juntas de Distrito. Con la ayuda de los miembros de la Junta Electoral Independiente determinan el número de bancas que debe adjudicarse a cada partido en los respectivos distritos. Además, suman el número de votos obtenido por cada partido a nivel de distrito en la votación para la Asamblea Nacional y el número de bancas obtenido en representación de su distrito por cada partido en la Asamblea Nacional.

En la oficina electoral principal normalmente no se efectúa un nuevo cómputo, a menos que sus autoridades crean que existe una causa adecuada y en grado suficiente para ello. Esa causa debe invocarse en el "Acta de Cierre" (ver más arriba).

Una vez realizados estos cálculos, todas las hojas de votación y las planillas de cómputo son remitidas desde las oficinas electorales principales a la Autoridad Electoral Central (AEC), en Paramaibo. La AEC es la única autoridad electoral que puede anunciar los resultados. Compara las sumas que provienen de las Juntas Locales y los cálculos correspondientes a las Juntas de Distrito con las listas de candidatos en orden preferencial, que son proporcionadas por las ocho organizaciones que son contendoras en las elecciones. Estas listas aparecen en las hojas de votación reales en el caso de las Juntas Locales y son suministradas a la AEC en el caso de las Juntas de Distrito. Con respecto a la Asamblea Nacional, la AEC compara análogamente los cálculos que provienen de la oficina electoral principal con las listas de candidatos en orden preferencial tal como aparece en las hojas de votación azules de candidatos a la Asamblea Nacional. En ningún caso se vuelven a contar los votos en Paramaibo.

CAPÍTULO IV
Período pre-electoral

CAPÍTULO IV

Parte pre-electoral

El 14 de marzo la AEC anunció los resultados de la inspección pública al padrón electoral. Con la excepción de Nickerie y Sipaliwini, la afluencia no llegó al 40%. Esto sucedió a pesar de que se había organizado una campaña especial para registrar votantes en los Distritos de Sipaliwini, Brokopondo y Marowijne, distritos del interior en los que se desarrollaron conflictos civiles. Esta campaña llevó a prorrogar el plazo de finalización del padrón.

Existen dos razones que ayudan a entender esta escasa concurrencia. En primer lugar, que las personas que se registraron antes y después de las elecciones de 1987 y que no habían cambiado su domicilio daban por sentado que figuraban en el padrón. En segundo lugar, a la luz de la baja participación que se observó el día de la elección, la apatía de los votantes fue otra posible explicación.

La Misión tuvo la oportunidad de visitar todos los distritos, excepto Sipaliwini para determinar si se acudía a verificar el padrón. Se notó que muy pocas personas se interesaban en hacerlo siendo la excepción los votantes del Distrito de Nickerie. No obstante la Misión estimó que el Gobierno realizó una labor adecuada informando a la población a través de la prensa sobre la oportunidad de revisar el padrón.

Con respecto a la inscripción de los partidos la ley requería la presentación de una lista de miembros que revelara que eran respaldados por no menos del 1% de los habilitados para votar. Esto causó algunos problemas a los partidos más pequeños o más nuevos ya que si un nombre aparecía en más de una lista se eliminaba de todas las listas de miembros con lo cual una persona que se afiliara a un partido sin abandonar oficialmente al anterior corría el riesgo de no ser contada.

La campaña electoral comenzó el 15 de abril. Aunque las organizaciones y los candidatos políticos usaron ampliamente los medios de difusión la interrelación personal entre los candidatos y los votantes se realizó al parecer básicamente en la campaña

CUADRO 5

VOTANTES HABILITADOS QUE VERIFICARON SU NOMBRE EN EL PADRÓN AL 14 DE MARZO DE 1991

Distrito	Número de Votantes	Número que Verificó	%
Paramaribo	131,496	5,028	3.8%
Wanica	41,205	6,575	16.0%
Nickerie	19,436	12,572	64.5%
Coronie	1,701	631	37.0%
Saramacca	7,545	2,223	29.5%
Commewijne	12,692	1,713	13.4%
Marowijne	4,813	798	16.5%
Para	7,527	1,413	18.7%
Brokopondo	2,735	--------	-------
Sipaliwini	5,894	3,000	50.0%
TOTAL	**235,044**	**33,953**	**14.5%**

Fuente: Central Bureau for Population Affairs (CBB), Suriname.

electoral según surge del hecho de que el número de concentraciones electorales fue relativamente grande. El gráfico siguiente muestra las concentraciones políticas a las que asistieron los observadores de la OEA. Como éstos asistieron prácticamente a todas las concentraciones el gráfico ofrece un resumen general de los lugares en los que las organizaciones políticas centraron su campaña.

En una muestra de 15 ediciones de los dos diarios principales de Suriname en el período comprendido entre el 13 y el 24 de mayo las ocho principales organizaciones políticas que iban a competir en las elecciones del 25 de mayo recibieron la cobertura que aparece abajo. Las cifras se refieren al número de pulgadas de columna en artículos no consistentes en avisos pagos.

En una muestra de 648 minutos en el período de mayor sintonía (de 7:00 a 22:00 horas) en las dos estaciones de televisión de Suriname (STVS y ATV) durante el lapso que media entre el 15 y el 23 de mayo las organizaciones políticas colocaron o difundieron la siguiente propaganda. STVS es una estación estatal y ATV según se dice también es controlada por el partido oficialista.

La Misión no recibió quejas con respecto al acceso al tiempo radial. Los observadores escucharon amplios programas sobre la coalición DA'91 y frecuentes avisos del NF y del NDP.

CUADRO 6

CONCENTRACIONES POLÍTICAS A LAS QUE ASISTIERON LOS OBSERVADORES DE OEA DEL 15 DE ABRIL AL 25 DE MAYO

Distrito	DA'91	NDP	NF	PALU	PBP/ABOP	PPRS	PSV	VP	Total
Paramaribo	7	10	11	3	4	4	9	3	51
Wanica	7	4	4	---	---	2	1	---	18
Nickerie	4	5	5	6	---	3	---	---	23
Coronie	3	3	3	4	---	---	2	---	15
Saramacca	1	2	2	---	---	1	---	---	6
Commewijne	1	1	2	2	---	1	---	---	7
Marowijne	1	6	5	1	---	---	---	---	13
Para	1	3	4	1	---	1	---	---	10
Brokopondo	2	---	4	---	---	---	---	---	6
Sipaliwini	---	---	---	---	---	---	---	---	0
TOTAL	27	34	40	17	4	12	12	3	149

CUADRO 7

COBERTURA DE LA PRENSA ANTERIOR A LAS ELECCIONES

Organizaciones Políticas	Columnas-Pulgadas	% Del Total
NF	412	34
DA'91	386	31
NDP	153	12
PSV	107	9
PALU	91	7
VP	52	4
PPRS	18	2
ABOP-PBP	11	1
TOTAL	**1.230**	**100%**

CUADRO 8

COBERTURA DE PRENSA EN LA TELEVISIÓN ANTERIOR A LAS ELECCIONES

Organización Política	Minutos de Propaganda	% Del Total
NDP	273	42
VP	74	12
ABOP-PBP	65	10
PSV	63	10
NF	51	8
DA'91	47	7
PALU	47	7
PPRS	28	4
TOTAL	**648**	**100**

CAPÍTULO V

El día de la elección

En conjunto, los observadores de la OEA quedaron impresionados por lo puntilloso del cumplimiento de sus funciones por parte de los funcionarios electorales el día de las elecciones, y por el orden y la calma con que se realizó la votación. La tabla siguiente indica el gran número de representantes de organizaciones políticas que concurrieron a presenciar los procedimientos electorales.

CUADRO 9

REPRESENTACIÓN DE LOS PARTIDOS EN LOS CIRCUITOS ELECTORALES

Organización Política	Circuitos Electorales Con Representación Como % del Total
NF	92.2
NDP	82.8
DA91	51.0
PALU	36.8
PPRS	27.5
ABOP/PBP	5.9
PSV	3.4
VP	0.5

No obstante, se observaron las siguientes irregularidades:

1. En Paramaribo, en un local de votación especial para personas internamente desplazadas por el conflicto civil (véase el capítulo siguiente sobre los refugiados) algunos votantes no recibieron sobres de votación para las Juntas Locales. En consecuencia, para esos ciudadanos, la votación fue fijada, posteriormente, para otro día.

2. En Brokopondo, en el circuito de Marechalkreek, la votación se suspendió por tres horas y media, debido a la falta de hojas de votación para las Juntas Locales. Cuando se reinició se efectuó sin incidentes, pero las elecciones para las Juntas Locales se reprogramaron para otra fecha.

3. En Sipaliwini, en el circuito de la aldea de Kwamalasemutu, las elecciones para las Juntas Locales fueron fijadas también para otro día.

4. En Para, en el circuito de la Junta Local de Carolina, las elecciones fueron reprogramadas por la misma razón. En esas tres grandes localidades, no se entregaron las hojas de votación porque no se habían registrado suficientes candidatos para llenar todas las bancas de las Juntas Locales.

5. Muchas personas no poseían tarjeta de votación y los observadores notaron que las autoridades del gobierno hicieron pocos esfuerzos para que esos ciudadanos pudieran votar.

CAPÍTULO VI

Los refugiados

Historia

Como se mencionó en el Capítulo I, un grupo de habitantes maroons que vivían en la zona de Moengo inició una lucha armada contra las Fuerzas Armadas de Suriname. Se cree que tuvieron la asistencia de exilados y extranjeros, y que en los años siguientes se propagó a la parte central y occidental del país. Por esta causa se produjeron 2.700 refugiados internos y otros 6.000 abandonaron el país hacia la Guayana Francesa.

A fines de 1986, la principal aldea de la zona, Moengo Tapu, fue totalmente incendiada en acciones militares. A principios de 1987, Wanhatti, segunda en magnitud de las aldeas de los Maroon Ndjuka, situada junto al Río Cottica, fue atacada por aire y con botes artillados por los militares. Un gran número de casas fueron destruidas o blanco de ametralladoras pesadas. Los asentamientos de los maroons situados a lo largo de la carretera Este-Oeste (Km 60-137) fueron también destruidos.

Sumándose a la complejidad del conflicto, un grupo de amerindios fue reclutado como guías por las Fuerzas Armadas para que ayudaran en la lucha contra los rebeldes maroons. Éstos se vengaron destruyendo la principal aldea amerindia, Bigi Ston, situada junto al río Maroni.

Con el recrudecimiento del conflicto, los civiles maroons y amerindios huyeron de las zonas de violencia hacia el este y se instalaron a lo largo de la ribera francesa del Río Marowijne. No obstante, mientras los refugiados amerindios intentaban integrarse con los amerindios de la Guayana Francesa, los maroons buscaron refugio en los campamentos del área. Los campamentos estaban administrados en la mayor parte por el Ejército francés. La Oficina del Alto Comisionado de las Naciones Unidas (UNHCR) tenía un despacho en St. Laurent, Guayana Francesa, pero su misión era sólo de protección. Como resultado de este conflicto sólo cuatro de las veinte aldeas de la zona siguieron estando pobladas durante el período de violencia.

POBLACIÓN[1] REFUGIADA POR CIUDAD Y CAMPO EN LA GUAYANA FRANCESA

(Situación al 6 de marzo de 1991)

Amerindios (Ciudades)	
Aouara	52
Balate	67
Coswine	34
Esperance	81
Les Hattes	72
Paddock	262
Pierre	27
Prosperité	60
Terre Rouge	43
TOTAL	698
Maroons (Ciudades)	
Apatou	379
Bastien	85
Charbonnières	708
Crique Serpent	240
Pin Pin	85
TOTAL	1497
TOTAL (Ciudades):	2195
Campamentos	
Acarouany	1495
Camp A	309
Charvein	1047
PK9	1317
TOTAL (Campamentos):	4168
TOTAL (Ciudades y Campamentos):	6363

Fuente: Arrondissement de Saint Laurent Sous-Prefecture. "Situation des PPDS au 6 Mars 1991".

[1]. El Gobierno francés designa a los refugiados como personas desplazadas.

El proceso electoral

Desde el comienzo mismo de la presencia de la Misión Electoral de la OEA en Suriname, representantes de las organizaciones políticas plantearon a los observadores su preocupación por la situación general de los refugiados. Cuando el Secretario General de la OEA se reunió con autoridades gubernamentales en Paramaibo se trató el tema. Por ejemplo, en una reunión mantenida con el Secretario General el 18 de marzo de 1991, el ministro del Interior, Dr. Johannes Breeveld, señaló que se estaban realizando deliberaciones con el Gobierno francés con miras a permitir a los individuos, que se habían refugiado en la Guayana Francesa, regresar a Suriname para votar el día de las elecciones. El Ministro indicó que en ese momento unos 3.000 de los 6.000 refugiados instalados en la Guayana Francesa ya se habían registrado para votar.

Del 23 al 24 de marzo un grupo de observadores encabezado por el coordinador de la Misión visitó campamentos de refugiados en la Guayana Francesa.

Los observadores fueron recibidos por el Sub-Prefecto de St. Laurent, Sr. Marc Vizy, quien explicó la posición de Francia sobre el tema de los refugiados.

En esencia, el Gobierno francés había decidido integrar a los refugiados amerindios en la sociedad francesa y brindar incentivos financieros a los refugiados maroons para que regresaran a Suriname. El Sub-Prefecto explicó que mientras para aquéllos que no retornaran podría ofrecérseles en el futuro una forma posible de integración en la Guayana Francesa, en general la actitud de la población y las autoridades francesas hacia los refugiados maroons era negativa. Esta impopularidad era atribuida mayormente a la impresión de los pobladores del lugar de que el incremento de crímenes que se había registrado en los alrededores de St. Laurent, se vinculaba con la presencia de refugiados maroons. El funcionario francés sostuvo, no obstante, que los refugiados maroons habían cometido muy pocos crímenes, pero en su opinión no era posible cambiar la imagen negativa de la población asociada con los maroons.

Los refugiados maroons podían ser divididos en dos grupos: los que huyeron de la violencia inicial que estalló en Suriname en 1986 y los que dejaron el país más tarde. Al parecer, era claro que el primer grupo no tenía intención de participar en las elecciones y que buscaba integrarse a la sociedad francesa. El segundo grupo, parecía más dispuesto a regresar a Suriname una vez que se le dieran ciertas condiciones, incluidas las garantías para regresar en forma segura a la Guayana Francesa, después de haber votado. Los refugiados amerindios no mostraron ningún interés en regresar a Suriname, prefiriendo incorporarse a los grupos amerindios de la Guayana Francesa.

Para todos aquéllos que podían considerar el retorno a Suriname para votar existía un problema clave: la ausencia de información. Era muy escasa la información con que contaban los refugiados sobre el proceso electoral en general y sobre los candidatos y organizaciones políticas en particular.

Para ésta y otras dificultades, en abril fue suscrito un acuerdo tripartito entre el Gobierno de Suriname, el Gobierno Francés y la UNHCR. Entre otras cosas, se preveía en este acuerdo que el Gobierno podría registrar votantes en los campamentos, que los partidos políticos podrían visitar los campamentos para hacer propaganda, que el gobierno francés se encargaría de transportar refugiados a través del río Marowijne para que votaran en la aldea Albina, situada en Suriname, el día de las elecciones y que garantizaría su retorno seguro a los campamentos el mismo día. Se estipulaba además que los representantes de la UNHCR observarían las actividades de inscripción de votantes en los campamentos y que la OEA observaría la llegada, votación y regreso de los refugiados. Además, el Gobierno de Suriname decidió establecer un circuito electoral para los desplazados internos.

Superando dificultades logísticas, tales como el transporte en la región y cumpliendo con los trámites legales para obtener permiso del Gobierno francés para viajar a los campamentos de refugiados, algunas organizaciones políticas se las arreglaron para hacer propaganda en abril y principios de mayo en esos sitios. Cuando los observadores de la OEA hicieron otra visita a los campamentos el 22 de mayo, advirtieron el escaso interés en el proceso electoral, pocos refugiados habían recibido tarjetas de votación, pero muchos no las querían, pues temían que al participar en el proceso electoral de Suriname se les redujeran las posibilidades de integrarse a la sociedad francesa.

El día de las elecciones

El día de las elecciones en Albina, usando planillas de registro, se organizaron centros por separado para cada una de las localidades de las cuales eran originarios los refugiados. Además se establecieron dos kioscos: uno para proveer tarjetas de sustitución a quienes hubieran perdido el original y uno con tarjetas de votación aún no distribuidas. En ellos se atendía a los residentes de Albina y a los refugiados.

En definitiva y desafortunadamente, menos de 100 refugiados que vivían en la Guayana Francesa votaron. Para ello existen varias explicaciones: temían perder su condición de refugiados y enfrentar una posible deportación de la Guayana francesa, el temor a sufrir agresiones durante la votación y la creencia generalizada de que nada había cambiado en sustancia en Suriname y que la elección no afectaría en ningún sentido su propia situación.

Atendiendo a estos problemas los observadores de la OEA que se encontraban en Albina y sus alrededores, el día de la elección, percibieron cierta confusión. Por ejemplo, aunque los circuitos electorales funcionaron en forma ordenada y bien organizada, varios refugiados habían arribado sin las tarjetas electorales y/o sin identificación. Los dos centros de distribución de tarjetas electorales tuvieron problemas al enfrentar esta situación. El primero de los centros sólo contaba con dos funcionarios, por lo que el proceso de sustitución fue lento. En el segundo sólo se pudieron expedir tarjetas electorales a los solicitantes dotados de medios de identificación y que figuraban en el padrón electoral, por ello aquéllos que no poseían identificación no pudieron votar. Otro de los problemas surgió a causa de que, temprano en el día, los funcionarios públicos se habían marchado a St. Laurent a distribuir tarjetas de votación sólo a aquéllos refugiados que abordaban las embarcaciones proporcionadas por las autoridades francesas. No obstante, muchos refugiados habían cruzado el río ilegalmente desde otros puntos en St. Laurent sin ver a los funcionarios con las credenciales. En consecuencia, muchos de los que llegaron a Albina no pudieron solicitar las credenciales.

Como se señaló en el Capítulo V, se estableció en Paramaribo un circuito electoral especial para aquellas personas desplazadas de las zonas de guerra. Más de 400 de estos refugiados votaron utilizando las diversas urnas instaladas para las diferentes localidades a las que representaban. Con excepción de la ausencia de sobres de votación para las Juntas Locales de Brokopondo, cuyas elecciones debieron reprogramarse (ver Cap. V), la votación se desarrolló sin incidentes.

CAPÍTULO VII
El período del escrutinio

El conteo rápido de la OEA

a) Metodología

Un aspecto clave de la Misión fue el "conteo rápido", procedimiento de auditoría destinado a comprobar que la votación se realizaba con total honestidad. Este escrutinio abreviado y no oficial se basó en la observación de locales de votación desde el comienzo hasta el final mismo de sus operaciones, incluido el conteo de los votos. La presencia de los observadores tenía como fin detectar la posibilidad de que se echaran en las urnas votos falsos o que se ejerciera presión sobre los votantes y observar si el cómputo oficial era un reflejo genuino de los resultados.

Todo conteo rápido requiere de algún tipo de procedimiento estadístico de toma de muestras, ya que el número de observadores no puede equivaler al de los circuitos electorales. Por lo tanto, se toma una muestra de la población de los circuitos y se los observa. Los resultados se usan luego para estimar los resultados correspondientes al escrutinio universal, mediante procedimientos estadísticos adecuados. El resultado alcanzado por conteo rápido de la OEA se compara con el escrutinio oficial y deben hallarse dentro de los márgenes de error que corresponden al método del muestreo, de lo contrario, se ponen de manifiesto errores o manipulaciones del proceso electoral. Antes de utilizarse en Suriname, las MOE de la OEA pusieron en práctica este tipo de procedimientos en la elección de Nicaragua y de Haití. En esta ocasión, en Suriname, el conteo rápido se limitó a los resultados de la Asamblea Nacional, no a los de las Juntas Locales.

La Misión decidió observar los votos en favor de cada una de las ocho organizaciones políticas, pues no sería posible hacerlo por candidatos (a escala nacional había más de 4.000 candidatos). Siendo 40 los observadores, el conteo rápido no podía realizarse como en misiones anteriores, pues sólo arrojaría una magnitud media de muestra de 4 circuitos electorales por distrito.

Se asignó a cada uno de los observadores un circuito para que presenciara la apertura, cierre y recuento de los votos por candidatos a la Asamblea Nacional. Además, cada observador debía visitar durante el día otros tres circuitos y averiguar sus resultados al final del día. Por lo tanto hubo 2 tipos de observaciones: 1) las denominadas de "Clase A", más detenidas, y 2) las denominadas de "Clase B", menos detenidas.

Se compararon los resultados de ambos tipos de observaciones. Si eran compatibles entre sí, podían reunirse para estimar las proporciones de votos emitidos en favor de cada partido. Si los resultados no eran compatibles, esto era en sí mismo un indicio de que había problemas. La solución propuesta convirtió el problema, técnicamente hablando, de una cuestión de estimación a una de comparación.

La información obtenida a través de conversaciones con personas que conocían acerca de la política de Suriname y sobre el comportamiento electoral de la población, aportó las bases para la estratificación de las muestras. En dos distritos --Paramaribo y Wanica-- el diseño consistió en una muestra al azar de agrupaciones estratificadas. La población de los otros ocho distritos era más reducida, y los informantes coincidieron en que tradicionalmente su comportamiento electoral era homogéneo. En esos distritos se usaron muestras de agrupaciones al azar simples (o sea no estratificadas). Las agrupaciones son los circuitos electorales, formados por una pluralidad de votos.

Los factores considerados para la estratificación fueron los siguientes: grupo étnico (hindostanos, javaneses, creoles, negros del bush y amerindios) ; clase social (pobres, de ingresos medios, adinerados) y algunos indicadores de ideología o inclinación política. Se elaboró un cuadro de esos factores para cada circuito y el mismo se usó para tabular la estratificación final. Por ejemplo, la estratificación correspondiente a Paramaribo determinó la formación de 3 grupos: 1) creole pobre; 2) creole, no pobre y 3) otros. En Wanica, se identificaron dos grupos: 1) javaneses y 2) otros. Las dimensiones de las muestras de cada distrito correspondieron a la distribución de los observadores en cada distrito, según lo decidido anteriormente sobre la base de la situación demográfica y política. La distribución se efectuó conforme a la proporción y al número de circuitos.

b) Comparación de los tipos A y B

La comparación se realizó sobre la frecuencia de los votos en favor de cada contendor por separado. No se trató de usar métodos de multivarianza, comparando simultáneamente a todos ellos juntos, pues se consideró un refinamiento innecesario. Además de ello, los modelos lineales se basaron en las raíces cuadradas del número de votos emitidos. Fue forzoso realizar las comparaciones entre los resultados de las categorías A y B dentro del mismo estrato.

c) Resultados

Las siguientes tablas presentan los resultados. La estimación puntual de las proporciones de votos aparece en la Tabla 2 y los respectivos intervalos de consonacia aparecen en la Tabla 3. En la Tabla 4, debe notarse el nivel de significación que supera el título PRF para las líneas etiquetadas TIPO (TIPO indica la categoría de muestra estadística: A o B) . Si el nivel de significación es, por ejemplo, inferior a 0,01 revela las diferencias en los resultados que surgen de las cuadrículas A y B, con lo cual existe posibilidad de fraude.

La magnitud de la muestra A fue reducida. Por lo tanto, fue forzoso usar niveles de significación pequeños para la comparación. Los resultados obtenidos en un solo caso (votos en favor de DA'91) arrojaron un valor de significación próximo al 1%. Todos los demás fueron mayores. Por lo tanto la Misión pudo concluir que no existieron pruebas (al menos evidencias categóricas) de error o manipulación en el proceso de votación.

Las denuncias

A los fines de esta publicación, las denuncias se dividieron en 2 categorías: extraoficiales y oficiales. Las primeras consistieron en asuntos que se plantearon a la misión en reuniones de rutina programadas por los observadores de la OEA; las oficiales fueron aquéllas en que se acudió a la Misión para que las recibiera. Los observadores de la OEA hicieron el seguimiento de todas las denuncias, muchas de las cuales fueron luego retiradas por los denunciantes. El procedimiento ordinario consistió en remitir una copia de cualquier denuncia presentada a la Misión a la Junta Electoral Independiente del Gobierno, junto con una Carta en que se relataba toda actividad de seguimiento realizada por los observadores de la OEA. Algunas denuncias fueron planteadas en las oficinas de la OEA sólo con carácter informativo, sin que se solicitara medida alguna a la Misión. Las conclusiones del proceso aparecen en el capítulo final.

a) *Denuncias extraoficiales*

Varios partidos (PSV, HPP, PBP, ABOP) se quejaron de haber dispuesto de escaso tiempo para prepararse para las elecciones, apenas 5 meses, lo que los tomó de improviso, pues no se preveían elecciones por un bienio. Además, argumentaron que los partidos mayores estuvieron en mejores condiciones para movilizarse rápidamente.

Varias organizaciones políticas (PSV, HPP, VP, NF) se quejaron sobre el control del proceso electoral por parte del NDP y del Gobierno, especialmente en cuanto a la preparación del padrón electoral. A la vez, miembros del NDP denunciaron que la burocracia electoral estaba dominada por miembros de la coalición del NF. Ese tema se planteó en contactos de la OEA con representantes del NDP, y la Misión recibió además denuncias oficiales al respecto.

Tanto en conversaciones extraoficiales como oficialmente, miembros de la coalición DA'91 y de la coalición ABOP-PBP se quejaron de la ineficiencia con que el gobierno habría distribuido las tarjetas de votación.

b) *Denuncias oficiales*

Varios grupos e individuos, incluidos una entidad de derechos humanos y representantes del NF, se quejaron sobre la denegación de acceso a varias regiones del Interior, especialmente en los distritos de Para y Brokopondo, y acusaron a miembros de los grupos ilegalmente armados Tucayana y Mandela de bloquear caminos. Los observadores de la OEA también fueron bloqueados por un grupo Mandela.

Representantes de DA'91 y del NF, y particulares, se quejaron sobre una supuesta intimidación militar en el Interior, especialmente en las aldeas de Boto Pasi y New Aurora, distrito de Sipaliwini.

CUADRO 10
NÚMERO ESTIMADO DE VOTOS VÁLIDOS Y PROPORCIÓN POR PARTIDO

Distritos	Votos Válidos	DA'91	VP	NDP	NF	PALU	PSV	PPRS	PBP/ABOP
Paramaribo	79794	0.15	0.02	0.23	0.54	0.02	0.01	0.01	0.01
Wanica	32693	0.14	0.00	0.13	0.63	0.04	0.00	0.05	0.00
Nickerie	17115	0.15	0.00	0.20	0.58	0.01	0.00	0.06	0.00
Coronie	1406	0.03	0.00	0.31	0.42	0.22	0.02	0.00	0.00
Saramacca	7182	0.07	0.00	0.38	0.53	0.02	0.00	0.00	0.00
Commewijne	11739	0.26	0.00	0.14	0.48	0.03	0.00	0.08	0.00
Marowijne	2420	0.10	0.00	0.20	0.57	0.04	0.00	0.08	0.01
Para	5618	0.09	0.00	0.34	0.49	0.02	0.00	0.06	0.00
Brokopondo	1858	0.43	0.00	0.19	0.34	0.03	0.00	0.00	0.01
Sipaliwini	2340	0.01	0.00	0.95	0.01	0.01	0.00	0.00	0.03

CUADRO 11

LÍMITES DE CONSONANCIA PARA EL TOTAL DE VOTOS VÁLIDOS Y PROPORCIÓN POR PARTIDO

Distrito	Votos	DA'91	VP	NDP	NF	PALU	PSV	PPRS	PBP/ABOP
Paramaribo									
Inferior	76680	0.14	0.01	0.21	0.52	0.02	0.01	0.01	0.00
Superior	82908	0.17	0.02	0.26	0.56	0.03	0.01	0.02	0.01
Wania									
Inferior	26214	0.11	0.00	0.10	0.58	0.03	0.00	0.01	0.00
Superior	39171	0.18	0.00	0.17	0.69	0.04	0.00	0.09	0.00
Nickerie									
Inferior	14022	0.12	0.00	0.18	0.55	0.00	0.00	0.02	0.00
Superior	20209	0.18	0.00	0.22	0.62	0.01	0.00	0.10	0.00
Coronie									
Inferior	1406	0.03	0.00	0.31	0.42	0.22	0.02	0.00	0.00
Superior	1406	0.03	0.00	0.31	0.42	0.22	0.02	0.00	0.00
Saramacca									
Inferior	5751	0.04	0.00	0.28	0.46	0.01	0.00	0.00	0.00
Superior	8612	0.09	0.00	0.48	0.61	0.03	0.00	0.00	0.00
Commewijne									
Inferior	9600	0.21	0.00	0.11	0.43	0.00	0.00	0.06	0.00
Superior	13878	0.30	0.00	0.18	0.53	0.07	0.00	0.10	0.00
Marowijne									
Inferior	1045	0.08	0.00	0.16	0.54	0.04	0.00	0.04	0.01
Superior	3795	0.11	0.00	0.24	0.59	0.05	0.00	0.12	0.02
Para									
Inferior	4583	0.07	0,00	0.25	0.41	0.01	0.00	0.03	0.00
Superior	6652	0.11	0,00	0.43	0.56	0.03	0.00	0.09	0.00
Brokopondo									
Inferior	1111	0.38	0.00	0.14	0.32	0.02	0.00	0.00	0.01
Superior	2605	0.49	0.00	0.25	0.35	0.03	0.00	0.00	0.01
Sipaliwini									
Inferior	0	0.00	0.00	0.94	0.00	0.00	0.00	0.00	0.00
Superior	4775	0.03	0.00	0.95	0.02	0.03	0.00	0.00	0.05

CUADRO 12
RESULTADOS DE LA COMPARACIÓN DE LAS MUESTRAS DE TIPO A Y B

Fuente	Df	Tipo IIISs	Cuadrado Mínimo	Valor F	Pr>f
Distrito	9	64470.04383	7163.33820	7.50	0.0001
Estratos (Distrito)	3	3182.56522	1060.85507	1.11	0.3489
Tipo	1	6537.76161	6537.76161	6.84	0.0104
Distrito	9	1385.432500	153.936944	4.70	0.0001
Estratos (Distrito)	3	520.658772	173.552924	5.29	0.0021
Tipo	1	93.748441	93.748441	2.86	0.0942
Distrito	9	64598.25787	7177.54821	3.95	0.0003
Estratos (Distrito)	3	11339.32550	3779.77517	2.08	0.1083
Tipo	1	7393.31915	7393.31915	4.07	0.0466
Distrito	9	336404.4761	37378.2751	5.49	0.0001
Estratos (Distrito)	3	79415.6825	26471.8942	3.89	0.0115
Tipo	1	28892.7736	28892.7736	4.24	0.0422
Distrito	9	19180.08028	2131.12003	29.57	0.0001
Estratos (Distrito)	3	247.71046	82.57015	1.15	0.3348
Tipo	1	118.50211	118.59211	1.64	0.2029
Distrito	9	143.6448504	15.9605389	5.92	0.0001
Estratos (Distrito)	3	4.4228697	1.4742899	0.49	0.6893
Tipo	1	4.3034910	4.3034910	1.43	0.2342

Cuadro 12 (Continúa)

Fuente	Df	Tipo IIISs	Cuadrado Mínimo	Valor F	Pr > f
Distrito	9	12801.07126	1422.34125	3.39	0.0012
Estratos (Distrito)	3	1137.73697	379.24566	0.90	0.4427
Tipo	1	173.81404	173.81404	0.41	0.5215
Distrito	9	115.3096268	12.8121808	1.84	0.0713
Estratos (Distrito)	3	91.9976870	30.6658957	4.40	0.0061
Tipo	1	6.0725387	6.0725386	0.87	0.3529

Ciertas organizaciones políticas se acusaron mutuamente y denunciaron actos de vandalismo (destrucción y sustitución de estandartes), hostigamiento de partidarios y perturbación de concentraciones cortando la electricidad y arrojando huevos y piedras.

Varias organizaciones políticas se quejaron de lo que describieron como favoritismo en la selección de funcionarios de circuitos electorales. Las organizaciones políticas expresaron preocupación por el hecho de que el partido en el poder ocuparía una posición en que fácilmente podría manipular en su propio beneficio los padrones electorales. Por ejemplo, el NF denunció que un candidato de PALU, encargado además de confeccionar el padrón de Coronie, registraba en ese distrito a personas que no vivían en él. Las irregularidades fueron investigadas y el Ministerio del Interior emitió una declaración estableciendo que se había transferido incorrectamente a ciertas personas al padrón de Coronie y que sus nombres se retirarían de él y se reinscribirían en los padrones adecuados. Se efectuaron denuncias similares en cuanto a los padrones de otros distritos.

Algunas entidades políticas y de derechos humanos efectuaron vigorosas denuncias sobre la entrega de tarjetas de votación. Muchos residentes del interior no las recibieron. Se afirmó que a muchos ciudadanos no se les habían entregado aún cuando estaban en sus domicilios durante la distribución.

CAPÍTULO VIII
Los resultados

El 20 de junio la JEI declaró obligatorios los resultados de las elecciones del 25 de mayo en todos los distritos de las Juntas Locales, salvo en el distrito de Brokopondo. No se realizaron elecciones locales en este distrito porque en un circuito electoral destinado a desplazados internos, en Paramaibo, 79 votantes no habían recibido sus sobres de votación para las Juntas Locales y por lo tanto no podían sufragar para proveer cargos en las mismas. Se decidió reprogramar la elección para el 3 de agosto y se llevaron a cabo sin incidentes. La JEI declaró también que había tres municipalidades donde las elecciones para Juntas Locales no se realizaron debido a falta de candidatos. Esas elecciones se reprogramaron y se realizaron sin incidentes el 3 de agosto.

Los resultados finales para la Asamblea Nacional fueron los siguientes: NF: 30 bancas; NDP: 12 bancas; DA'91: 9 bancas. De los 723 cargos en las Juntas Locales disponibles el NF obtuvo 583, el NDP obtuvo 98, DA '91 finalizó con 41 y PALU se aseguró 1. Los resultados de las Juntas de los Distritos, NF obtuvo 81 bancas, NDP 18 y DA'91 se aseguró 5.

Las elecciones de miembros de la Asamblea Nacional

A pesar de los rumores acerca de divisiones internas entre los cuatro partidos que lo integraban, el NF emergió como la fuerza política más poderosa de la Asamblea Nacional. El NF obtuvo bancas en los diez distritos, finalizó en primer lugar en todos los distritos salvo en Brokopondo y ganó por un margen de más del 22% en seis: Paramaibo, Wanica, Nickerie, Saramacca, Commewijnwe y Marowijne. En Coronie, Para y Sipaliwini, aunque el NF ganó la mayoría del voto popular, su margen de victoria se estrechó al 11%, 5% y 7% respectivamente.

El NDP finalizó segundo en la Asamblea Nacional, después de asegurarse el segundo lugar en los distritos de Coronie, Saramacca, Marowijne y Para. En cuanto al número de bancas para la Asamblea Nacional, el NDP ganó cuatro escaños en Paramaibo y uno en los restantes distritos excepto en Brokopondo.

Aunque la DA'91 finalizó en el tercer lugar en la elección para la Asamblea Nacional, fue la única fuerza electoral además del NF, que obtuvo la mayoría de los votos en un distrito: Brokopondo. El NF fue la segunda más votada en Brokopondo con el 34% de los votos mientras que el NDP recibió sólo el 20%. Los partidarios de DA'91 explicaron esta victoria por la presencia del Fraternidad en Unidad y Política (BEP) principal partido de los maroons en la coalición. Además, DA'91 alcanzó el segundo lugar en Wanica, Commewijne y Sipaliwini. El escrutinio final otorgó a la Alternativa Democrática tres bancas por Paramaibo, dos por Brokopondo y una por cada una de los distritos restantes: Wanica, Nickerie, Commewijne y Sipaliwini.

En Sipaliwini las tres principales fuerzas obtuvieron resultados similares, ganando el NF el 35% de los votos, la DA'91 el 28% y el NDP el 25%. Coronie fue el único distrito en el que una de las organizaciones políticas distinta de las tres principales obtuvo resultados relevantes. En este distrito, la PALU ganó el 22% de los votos.

Las elecciones para Juntas Locales

El NF recibió la mayoría de las bancas en las Juntas Locales, con la excepción de varias municipalidades de los distritos de Marowijne, Brokopondo y Sipaliwini. En Paramaribo, Wanica y Nickerie, el NF obtuvo todas las bancas para Juntas Locales y finalizó con 21 bancas en Coronie, en donde el NDP obtuvo 2. En los distritos de Saramacca y Commewijne se observó una reñida victoria del NF. En el primero, 50 bancas fueron obtenidas por el NF, 7 por la DA'91 y 1 fue para el NDP. Con respecto al último, el NF obtuvo todas las bancas excepto 1.

En los distritos de Marowijne, Sipaliwini y Para fue el NDP quien ganó la mayoría de las bancas. En Marowijne el NDP obtuvo 29 bancas, el NF 21 y PALU 1. A su vez, en Sipaliwini el NDP recibió 25 mientras que el NF alcanzó 20. La competencia entre el NDP y el NF fue muy pareja en Para en que el NDP ganó 18 bancas y el NF alcanzó 22.

Al igual que en la votación para la Asamblea Nacional, DA'91 alcanzó la mayoría de sus bancas en el distrito de Brokopondo (DA'91 24, NF 14, NDP 7). El único otro distrito donde la Alternativa Democrática recibió bancas en las Juntas Locales fueron Saramacca (7 de 58 bancas) y Sipaliwini (10 de 55 bancas).

Las Juntas de Distrito

La adjudicación de bancas en las Juntas de Distrito se basa enteramente en los resultados de las elecciones de Juntas Locales. Por ende, las organizaciones políticas estuvieron representadas en las nuevas Juntas de Distrito en proporción a su representación total en las Juntas Locales.

Los siguientes cuadros muestran los resultados oficiales como fueron suministrados por la Junta Electoral Independiente.

CUADRO 13

ASAMBLEA NACIONAL

Organización Política	Número de Votos	Porcentaje de Votos	Número de Bancas
NF	86,696	54.13	30
NDP	34,954	21.83	12
DA91	26,614	16.62	9
PALU	4,878	3.05	0
PPRS	4,389	2.74	0
VP	1,244	0.78	0
ABOP-PBP	775	0.48	0
PSV	601	0.38	0
TOTAL	**160,151**	**100.00**	**0**

Número total de votos emitidos : 170,624
Número de votos válidos: 160,151
Número de votos anulados: 10,473
Número de electores empadronados: 246,929
Concurrencia a votar: 9.72%

CUADRO 14

JUNTAS LOCALES

Organización Política	Número de Bancas
NF	583
NDP	98
DA'91	41
PALU	1
TOTAL	**723**

CAPÍTULO IX
La elección del Presidente y el Vicepresidente

La votación en la Asamblea Nacional

Como lo establece la Constitución Nacional, la responsabilidad por la elección del Presidente y Vicepresidente pertenece a la Asamblea Nacional. Para ser electo en esta instancia un candidato debe alcanzar una mayoría de dos tercios de los votos de los miembros que están presentes, mientras que los candidatos a Vicepresidente sólo requieren de una mayoría simple. En las primeras etapas de este proceso, Jaggernath Lachmon fue designado como Presidente Interino de la nueva Asamblea Nacional el 4 de julio y prestó juramento ante el Presidente Johannes Kraag. Esto se efectuó de acuerdo con la Constitución que dispone que el miembro de más edad de los nuevos integrantes de la Asamblea sirva en ese cargo. Los encuentros en la Asamblea Nacional se desarrollaron de la siguiente manera:

9 de Julio

Fueron admitidos 47 de los 51 nuevos miembros. Dos hermanos, los Sres. Areti y Winston Jessurun no fueron admitidos porque la Constitución de Suriname no permite que dos miembros de la misma familia actúen conjuntamente en la Asamblea. Se dispuso un sorteo para decidir cual de ellos ocuparía la banca. A otro miembro, Eduard Prijor, no se le reconocieron las credenciales. Un cuarto miembro, el Sr. T. Matojda no fue admitido por no estar presente debido a problemas de transporte.

11 de julio

T. Matojda prestó juramento como miembro de la Asamblea Nacional, con lo cual su número se elevó a 48.

16 de julio

Se realizó la primera votación para Presidente y ninguno de los candidatos obtuvo la mayoría. Los candidatos fueron: R. Ronald Venetiaan (NF), Hans Prade (DA'91) y Jules Wijdenbosch (NDP, quien era el Vicepresidente en ese entonces). Los 12 miembros de la Asamblea Nacional pertenecientes al NDP se retiraron sin votar como protesta porque la votación se realizaba sin que hubieran sido admitidos los 51 miembros de la Asamblea Nacional, como dispone la Constitución. El Dr. Jules Ajodhia, de la coalición del NF fue electo Vicepresidente con los votos de los 28 miembros del NF de la Asamblea Nacional hasta ese momento admitidos que podían asegurar el 50% de los votos necesarios.

19 de julio

En este encuentro, el Presidente de la Asamblea Nacional, Lachmon, anunció que se postergaría la segunda votación para elegir al nuevo presidente, para que pudieran realizarse deliberaciones más exhaustivas y que el sorteo referente a los dos hermanos y la decisión de admitir al Sr. Prijor también se pospondrían.

25 de julio

Al igual que en la primera ronda de votación, en la segunda no se produjo un ganador. Asimismo, los miembros del NDP volvieron a retirarse en señal de protesta. Después de esta votación, el Sr. Prijor prestó juramento finalmente y se realizó el sorteo entre los dos hermanos, ganando el Sr. Winston Jessurun quien ocupó la banca. Luego se recibió el juramento de ingreso del suplente del Sr. Arti Jessurun (el siguiente en la lista de la misma coalición como establece la ley).

La Asamblea de la Unidad Popular

Como la Asamblea Nacional no pudo elegir a un nuevo Presidente al cabo de dos series de votaciones, en conformidad con lo que dispone la Constitución, se convocó a una Asamblea de la Unidad Popular para el 6 de septiembre de 1991. Esta Asamblea está conformada por todos los miembros electos de la Asamblea Nacional, de las Juntas Locales y de las Juntas de Distrito. Un acontecimiento de este tipo nunca había tenido lugar en la historia de Suriname, es por eso que en los círculos políticos se expresó preocupación sobre las dificultades logísticas de reunir a más de 800 personas de todas las partes del país. La agenda contenía los siguientes puntos: 1) apertura; 2) aprobación del reglamento de la Asamblea de la Unidad Popular; 3) tercera votación para elegir Presidente de la República; 4) ratificación de los resultados y 5) clausura.

a) *Aprobación del reglamento*

Tras la apertura de la reunión, el presidente de la Asamblea de la Unidad Popular pronunció un breve discurso en el que pasó revista a las deliberaciones que habían llevado a la elaboración del proyecto de reglamento, cuyo texto se distribuyó entre todos los miembros. Señaló que se habían realizado largos debates sobre el procedimiento de aprobación de esas normas, y que se había acordado que la Asamblea misma debía darse su reglamento.

El proyecto fue elaborado por una comisión especial de la Asamblea Nacional formada por cuatro miembros del NF, dos miembros del NDP y dos miembros de DA'91. No se solicitó al Presidente que se debatiera el reglamento y la aprobación se produjo por unanimidad.

b) La tercera votación

El Presidente de la Asamblea puso en marcha el trámite de la tercera votación, conforme al Art. 181 sub. 2b de la Constitución. Primero se instaló una Comisión de Votación formada por 10 miembros de la Asamblea Nacional que representaban a todas las bancadas. La Asamblea de la Unidad Popular estuvo formada por un total de 867 miembros, pero 40 no fueron admitidos. De los 827 miembros a los que se permitió asistir a la Asamblea, la Comisión de Votación determinó que 817 habían firmado el registro y podían votar. Se reservó un ámbito dotado de 15 mesas, con espacio suficiente para permitir a cada miembro votar en secreto. El Presidente señaló que sobre cada mesa había archivadores con tapas que podían usarse para ayudar a mantener en secreto la votación. Los miembros de la Asamblea de la Unidad Popular fueron llamados a votar por distritos, en grupos de 25. Durante las cuatro horas que demoró el proceso de votación se emitieron 810 votos válidos.

Después de escrutar los votos, el Presidente de la Comisión de Votación anunció los siguientes resultados: Ronald Venetiaan (NF), 645 votos (80%); Jules Wijdenbosch (NDP), 116 votos (14%) y Hans Prade (DA'91), 49 (6%).

c) Ratificación de los resultados

Los resultados de las elecciones fueron ratificados por los miembros de la Asamblea de la Unidad Popular que los aceptaron en forma unánime levantando las manos y el Presidente los declaró obligatorios. De este manera, Ronald Venetiaan se convirtió en el nuevo Presidente de Suriname.

CAPÍTULO X
Conclusiones

La Misión de la OEA fue, en general, bien recibida por la población de Suriname y por las organizaciones políticas. Los observadores contemplaron una campaña electoral entusiasta y una amplia participación en la mayoría de los aspectos del proceso electoral. La Misión recibió también plena colaboración de la JEI y quedó bien impresionada por el profesionalismo puesto de manifiesto por los funcionarios electorales a lo largo de todo el proceso electoral.

En las elecciones del 25 de mayo, el electorado de Suriname estuvo formado por 124.888 mujeres y 122.041 hombres, siendo el total de 246.929 votantes habilitados, de una población total de 400.000. Los ciudadanos deben registrarse cuando llegan a los 16 años de edad y sus nombres deben figurar en el padrón electoral oficial al llegar a los 18 años. El voto no es obligatorio.

En el período de 30 días comprendido entre el 13 de febrero y el 13 de marzo destinado a la inspección pública del padrón, desafortunadamente sólo el 14% de los habilitados para votar se valió de esa oportunidad. Esto explica los problemas ulteriores en la distribución de las tarjetas electorales y la alta abstención que se registró en ciertas zonas el día de la elección. Para dar cuenta del abstencionismo se recurrió a dos explicaciones: 1) aquéllos que se registraron antes o después de las elecciones de 1987 y que cambiaron su domicilio legal, pudieron suponer que se encontraban registrados en el padrón oficial y 2) la apatía de los votantes. A pesar de la baja concurrencia para verificar su inclusión en el padrón, la Misión de Observación estimó que el gobierno había realizado un trabajo adecuado dando a publicidad el período destinado para la verificación de los respectivos nombres.

En Suriname, el gobierno debe, conforme con la Ley Electoral, remitir a cada ciudadano que aparece en el padrón una "invitación a votar" antes de las elecciones. Aunque legalmente los habilitados para votar no necesitan esta tarjeta electoral para las autoridades electorales vieron esta disposición como un último recurso. No se impartieron instrucciones a los funcionarios electorales para que observaran esa norma sino antes del cierre de las urnas. Como era grande el número de tarjetas que no se habían distribuido antes del día de las elecciones, es probable que la falta de flexibilidad de parte de los funcionarios en los circuitos electorales contribuyera en gran medida a incrementar el abstencionismo.

Ocho organizaciones políticas --cinco partidos y tres coaliciones-- completaron los requisitos para participar en las elecciones del 25 de mayo y se presentaron 4.467 candidatos. Sin embargo, como desde la perspectiva de los partidos estos debían presentar una lista que reuniera al menos el 1% de los votantes habilitados, los partidos más pequeños y más nuevos enfrentaron problemas. Un ciudadano que se inscribía en un partido nuevo sin haber formalizado su exclusión de otro partido al que perteneció corría el riesgo de la exclusión.

La campaña electoral se desarrolló sin incidentes. Los observadores de la OEA asistieron a un total de 149 concentraciones políticas de todas las organizaciones políticas en los 9 distritos en que se realizaron. En los contactos con organizaciones políticas y particulares la Misión recibió y realizó el seguimiento de 51 denuncias referidas a diferentes aspectos del proceso electoral.

Las elecciones se realizaron el 25 de mayo, según lo previsto, en forma ordenada y pacífica. La votación misma estuvo muy bien organizada y los observadores tuvieron libre acceso a casi todos los circuitos electorales. Las pequeñas excepciones de falta de colaboración de parte de funcionarios electorales pueden ser atribuidas al desconocimiento acerca de la Misión. En total, los observadores de la OEA visitaron 229 (el 68%) de los 443 circuitos electorales y no detectaron irregularidades que pudieran poner en duda la validez del proceso electoral.

Los problemas sin embargo, existieron. Muchas personas no recibieron su tarjeta electoral y no se observó, de parte de las autoridades del Gobierno, que se realizaran esfuerzos para asegurar que estos ciudadanos pudieran votar. Además, los problemas con la distribución de las tarjetas electorales postergó el arribo de las boletas de votación a algunos circuitos electorales. Se registró una concurrencia de votantes del 69%; se esperaba que fuera más alta. Se consideró que la guerra civil que afectaba al país jugó un papel importante en este problema. Algunas zonas están aún controladas por grupos ilegalmente armados que dificultaron el acceso de las organizaciones políticas y probablemente intimidaron a los votantes para que permanecieran en sus casas el día de la elección.

En el momento de las elecciones, más de 6.000 surinameses estaban viviendo en la Guayana Francesa, miles habían elegido emigrar (algunos informes señalaban este número en la mitad de la población) y alrededor de 2.700 desplazados o evacuados internos permanecieron en Suriname. Los que viven fuera del país no están habilitados para votar y aunque se tomaron medidas para que pudieran hacerlo, pocos refugiados y evacuados lo hicieron. Diversas explicaciones se sugirieron para dar cuenta del alto ausentismo que se registró el día de las elecciones: 1) temor a la pérdida del status de refugiado y posible deportación desde la Guayana Francesa; 2) temor a la violencia en el día de la elección; 3) una creencia generalizada en que nada había cambiado en

Suriname y que nada podría cambiar después de la elección y 4) las confusiones de orden logístico.

La JEI anunció los siguientes resultados para la Asamblea Nacional: NF, 30 bancas; NDP, 12 bancas y DA '91, 9 bancas. De las 723 bancas de las Juntas Locales el NF recibió 583, el NDP reunió 98, la DA'91 alcanzó a 41 y PALU se aseguró una banca. Los resultados de las Juntas de Distrito arrojaron las siguientes cifras: NF, 81 bancas; NDP, 18 bancas y DA'91, 5 bancas. Por medio de la muestra estadística del escrutinio rápido de la OEA se pudo determinar que no había evidencias de error o manipulación durante el proceso electoral. Asimismo, de una auditoría independiente de los resultados de las elecciones realizada por la Misión, no surgieron pruebas de fraude en la tabulación de los resultados.

Después de dos rondas de votación en la Asamblea Nacional en las que ningún candidato presidencial obtuvo los dos tercios de los votos requeridos para poder consagrarse ganador, la elección recayó en la Asamblea de la Unidad Popular. El líder del NF, Ronald Venetiaan fue finalmente elegido el 6 de septiembre de 1991 y prestó juramento como Presidente, diez días más tarde, el 16 de septiembre de 1991. La Asamblea Nacional eligió a Jules Ajodhia (NF) como Vicepresidente.

En conclusión, aunque la Misión detectó varios problemas que afectaron la participación de los votantes, las elecciones se desarrollaron, en general, en un ambiente calmo y fueron lo suficientemente transparentes, libres y honestas para que puedan ser declaradas válidas.

ANEXOS

ANEXOS

Anexo 1

Anexo 1

ORGANIZATION OF AMERICAN STATES
WASHINGTON, D. C.

GENERAL SECRETARIAT

AGREEMENT BETWEEN THE GOVERNMENT OF THE REPUBLIC OF SURINAME AND THE SECRETARY GENERAL OF THE ORGANIZATION OF AMERICAN STATES ON THE PRIVILEGES AND IMMUNITIES OF THE OBSERVERS OF THE ELECTION PROCESS IN SURINAME.

AGREEMENT BETWEEN THE GOVERNMENT OF THE REPUBLIC OF
SURINAME AND THE SECRETARY GENERAL OF THE ORGANIZATION OF
AMERICAN STATES ON THE PRIVILEGES AND IMMUNITIES OF THE
OBSERVERS OF THE ELECTION PROCESS IN SURINAME

WHEREAS:

In a letter dated January 31, 1991, the President of the Republic of Suriname, Johannes S.P. Kraag, invited the Secretary General of the Organization of American States, Joao Clemente Baena Soares, to support the democratic process in Suriname, in the framework of the general elections to be held on May 25, 1991.

On February 15, 1991, the Secretary General of the Organization of American States replied to the letter received from the President of the Republic of Suriname, informing him that he was taking the measures necessary to set up a group of international observers who, as delegates of the Secretary General of the OAS, would be present in all stages of the electoral process in Suriname.

Article 138 of the Charter of the Organization of American States (hereafter the Organization) provides that: "The Organization of American States shall enjoy in the territory of each Member such legal capacity, privileges, and immunities as are necessary for the exercise of its functions and the accomplishment of its purposes",

The Government of the Republic of Suriname and the Secretary General of the Organization of American States have agreed as follows:

CHAPTER I

PRIVILEGES AND IMMUNITIES OF THE GROUP OF OBSERVERS

Article 1. The privileges and immunities of the Group of Observers of the Surinamese Electoral Process shall be those accorded to the Organization, to the organs of the Organization and to their staff.

Article II. The property and effects of the Group of Observers, in any part and in possession of any person, shall enjoy immunity against any type of judicial proceeding, save in those specific cases for which said immunity is expressly waived. However, it is understood that said waiver of immunity shall not have the effect of subjecting such property and effects to any type of measure of execution.

Article III. The premises occupied by the Group of Observers shall be inviolable. Moreover, their property and effects, in any part and in the possession of any person, shall enjoy immunity against search and seizure, confiscation, expropriation and against any form of intervention, be it executive, administrative, judicial or legislative.

Article IV. The files of the Group of Observers and all of the documents pertaining thereto or in its possession shall be inviolable wheresoever they are located.

Article V. The Group of Observers shall be: a) exempt from any type of internal taxation, it being understood, however, that they may not claim any type of tax exemption that is in fact a remuneration for public services;

b) exempt from any type of customs duty, prohibition and restriction in respect of articles and publications that they import or export for their official use. It is understood, however, that the articles they import duty free may only be sold within the country in accordance with the conditions agreed upon with the Government of Suriname; c) exempt from ordinances, regulations or moratoria of any kind. Moreover, they may have currency of any type, carry their accounts in any foreign currency and, transfer their funds in foreign currency.

CHAPTER II

IN RESPECT OF THE MEMBERS OF THE GROUP OF OBSERVERS

Article VI. The members of the Group of Observers (hereafter the Observers) shall be those who, with the consent of the Government of Suriname, have been designated by the Secretary General of the Organization and accredited with the Surinamese authorities.

Article VII. For the period during which they exercise their functions and during their trips to and from Suriname, the Observers shall enjoy the following privileges and immunities:

a. Immunity from personal detention or arrest; and immunity from any type of legal proceeding in respect of their actions and statements, be they oral or written, done in the performance of their functions.

b. The inviolability of any paper or document;

c. The right to communicate with the General Secretariat of the Organization via radio, telephone, telegraph, satellite or other means, and to receive documents and correspondence through messengers or in sealed pouches, enjoying for that purpose the same privileges and immunities accorded to diplomatic mail, messengers or pouches;

d. The right to utilize for their movements, any means of transportation, be it airborne, waterborne or overland, throughout the national territory;

e. Exemption, in respect of their persons and that of their spouses and children, from any type of immigration restriction and registration of aliens and any type of national service in Suriname;

f. The same privileges accorded to the representatives of foreign governments on temporary official mission in respect of foreign-currency restrictions;

g. The same immunities and privileges in respect of their personal baggage as are accorded to diplomatic envoys; and

h. Such other privileges, immunities and facilities as are compatible with the foregoing, and enjoyed by diplomatic envoys, with the exception that they shall not enjoy any exemption from customs duties on imported merchandise (that is not part of their personal effects) or sales taxes and consumer taxes.

Article VIII. The provisions contained in the preceding article do not apply to the accredited nationals save in respect of official acts performed or statements issued in the exercise or their functions.

CHAPTER III

COOPERATION WITH THE AUTHORITIES

Article IX. The Observers shall cooperate with the competent Surinamese authorities to prevent any occurrence of abuse in respect of the specified privileges and immunities. Similarly, the competent authorities shall do whatever is possible to supply the cooperation requested of them by the Observers.

Article X. Without prejudice to the immunities and privileges accorded, the Observers shall respect the laws and regulations existing in Suriname.

Article XI. The Government of Suriname and the Secretary General shall take any measures necessary to procure an amicable arrangement in the proper settlement of:

a. Any disputes that arise in contracts or other questions of private law;

b. Any disputes to which Observers may be party in respect of matters in which they enjoy immunity.

CHAPTER VI

GENERAL PROVISIONS

Article XIV. The Government of Suriname recognizes the "Official Travel Document" issued by the General Secretariat as a valid and sufficient document for purposes of the Observers' travel. That document must have a courtesy visa to allow the Observers to enter the country and remain therein until the end of their Official Mission.

Article XV. This Agreement may be amended by the mutual consent by the Government of Suriname and the General Secretariat of the Organization.

Article XVI. This Agreement shall enter into force on the date of its signature and shall cease to have effect once the observers have completed their mission, in accordance with the terms of the request made by the Government of Suriname.

CHAPTER IV

NATURE OF THE PRIVILEGES AND IMMUNITIES

Article XII. The privileges and immunities are granted to the Observers in order to safeguard their independence in the exercise of their functions of observing the Surinamese Election Process and not for personal gain or to perform activities of a political nature within the territory of Suriname.

Therefore, the Secretary General shall waive the privileges and immunities of any of these in the event that in his judgment, the exercise of those privileges and immunities obstructs the course of justice.

CHAPTER V

IDENTIFICATION

Article XIII. The Secretary General shall supply each one of the observers, as well as the local contract staff, with a numbered identification card which shall show the complete name, date of birth, position, and a photograph. Further, the Observers shall not be obliged to relinquish that identification card, but rather to present it when the Surinamese authorities so require.

IN WITNESS WHEREOF, the undersigned, duly authorized, do hereby sign this Agreement, in duplicate, in the city of Paramaribo on the 20th of the month of March in the year nineteen hundred ninety one.

FOR THE GOVERNMENT OF THE
REPUBLIC OF SURINAME

ROBBY DEWNARAIN RAMLAKHAN
(MINISTER FOR FOREIGN AFFAIRS)

FOR THE GENERAL SECRETARIAT OF THE
ORGANIZATION OF AMERICAN STATES

JOAO CLEMENTE BAENA SOARES
(SECRETARY GENERAL)

Anexo 2

ORGANIZATION OF AMERICAN STATES
WASHINGTON, D. C.

GENERAL SECRETARIAT

AGREEMENT

BETWEEN THE REPUBLIC OF SURINAME AND
THE ORGANIZATION OF AMERICAN STATES

ON THE

RELATIONS BETWEEN THE
ELECTORAL AUTHORITIES OF SURINAME

AND THE

OBSERVERS OF THE ORGANIZATION OF AMERICAN STATES

IN THE CONTEXT OF

SURINAME'S ELECTORAL PROCESS

AGREEMENT

THE REPUBLIC OF SURINAME, in this matter represented by the Minister for Home Affairs, Mr. Johannes Breeveld

And

THE ORGANIZATION OF AMERICAN STATES, in this matter represented by the Secretary General, Mr. Joao Clemente Baena Soares,

Considering that it is desirable and useful, that the relations between the Ministry of Home Affairs and the electoral authorities entrusted with the organization of the general elections of May 25, 1991 in Suriname, hereinafter referred to as "Electoral Authorities", on the one hand, and the Observers of the Organization of American States, hereinafter referred to as "Observers", on the other, be guided by the constitutional, legal, and statutory regulations currently in effect in Suriname,

Declare that they have concluded the following agreement:

1. The Minister for Home Affairs and the Electoral Authorities shall, if so requested, provide the Observers with all relevant information concerning the organization, direction, and supervision of the electoral process; if desired, the Observers may request additional information from the Independent Electoral Council of Suriname - which supervises the general elections and declares their results legally binding for the community - on the exercise of the functions of the Electoral Authorities;

2. The Observers shall forthwith inform the afore-mentioned Independent Electoral Council of any irregularities or interference observed by them, or reported to them;

3. The Minister for Home Affairs shall request the afore-mentioned Independent Electoral Council to ensure access of the Observers to the voting records;

4. The Minister for Home Affairs shall request the afore-mentioned Independent Electoral Council to ensure access of the Observers to the polling stations on the day when votes are cast and counted;

5. The Minister for Home Affairs shall ensure inclusion of the Observers in the transportation facilities that will be provided for officials, administrative personnel and inspectors of the polling stations;

6. The Minister for Home Affairs shall request the afore-mentioned Independent Electoral Council to ensure admission of the Observers to the counting of the votes at the polling stations, the main polling stations, and the Central Polling Station;

7. The Organization of American States shall notify the Minister for Home Affairs of the names of the afore-mentioned Observers; the Minister for Home Affairs shall provide these Observers with the credentials necessary for the performance of their functions, and shall inform the Independent Electoral Council of the names of the Observers referred to.

Thus agreed,

Paramaribo, March 20, 1991.

FOR THE MINISTRY OF HOME AFFAIRS

JOHANNES BREEVELD

FOR THE ORGANIZATION OF AMERICAN STATES

JOAO CLEMENTE BAENA SOARES

Anexo 3

Anexo 3

ORGANIZATION OF AMERICAN STATES
ELECTORAL OBSERVATION OAS/EOS
SURINAME
FORM FOR THE OBSERVATION OF POLITICAL RALLIES OR DEMONSTRATIONS

DEMONSTRATION N°

NAME OF OAS OBSERVER(S): _____

LOCALITY: _____

DISTRICT: _____

DATE: _____ TIME: _____ DURATION: _____ CANCELED ☐ INTERRUPTED ☐ _____ hrs.

ACRONYM OF ORGANIZING PARTY: _____

POLITICAL LEVEL OF EVENT: ☐ 1. NATIONAL ☐ 2. DISTRICT ☐ 3. LOCAL

POLITICAL SPEAKERS: _____

EVENT AUTHORIZED BY DISTRICT OFFICIAL: ☐ YES ☐ NO ☐ N.A.

LEVEL OF POLITICAL ORGANIZATION: ☐ 1 (LOW) ☐ 2 ☐ 3 ☐ 4 ☐ 5 (HIGH)

ESTIMATED NUMBER OF ACTIVE PARTICIPANTS: _____

TRANSPORT USED BY NON-LOCALS: ☐ 1. PRIVATE ☐ 2. STATE OWNED

POLITICAL CLIMATE

OVERALL TONE
- ☐ 01. EMOTIONAL
- ☐ 02. AGGRESSIVE
- ☐ 03. APOLOGETIC

THEMES
- ☐ 08. NATIONAL ISSUES
- ☐ 09. REGIONAL ISSUES
- ☐ 10. ATTACKS
- ☐ 11. APOLOGIES
- ☐ 12. PROMISES

GENERAL PUBLIC REACTION
- ☐ 13. ENTHUSIASTIC
- ☐ 14. PASSIVE
- ☐ 15. APATHETIC
- ☐ 16. AGGRESSIVE

ARGUMENTS
- ☐ 04. ANALYTICAL
- ☐ 05. POLITICAL PLATFORM
- ☐ 06. CRITICAL
- ☐ 07. NONE

INCIDENTS ☐ LIGHT

SERIOUS (check only one below)
- ☐ 01. THREATS
- ☐ 02. SABOTAGE
- ☐ 03. INVOLVING THE MILITARY
- ☐ 04. VERBAL AGGRESSION
- ☐ 05. LIGHT INJURIES
- ☐ 06. SERIOUS INJURIES
- ☐ 07. DEATHS

PREVENTATIVE SECURITY FORCES ☐ PRESENT ☐ ABSENT

ADDITIONAL COMMENTS (continue on reverse) _____
_____
_____
_____

Anexo 4

Anexo 4

ORGANIZATION OF AMERICAN STATES
ELECTORAL OBSERVATION OAS/EOS
SURINAME
COMPLAINT FORM

COMPLAINT CODE

LOCATION OF OCCURRENCE
LOCALITY: _____ DATE _____
DISTRICT: _____ TIME _____

IDENTIFICATION OF CLAIMANT
- [ ] 01. PEOPLES: COMPLETE NAME: _____
               ADDRESS: _____

AUTHORITIES:
- [ ] 02. ELECTORAL
- [ ] 03. CIVILIAN
- [ ] 04. MILITARY
- [ ] 05. POLICE
- [ ] 06. RELIGIOUS
- [ ] 07. POLITICAL PARTIES (acronym): _____

IDENTIFICATION OF DENOUNCED
- [ ] 01. PEOPLES: COMPLETE NAME: _____
               ADDRESS: _____

AUTORITIES:
- [ ] 02. ELECTORAL
- [ ] 03. CIVILIAN
- [ ] 04. MILITARY
- [ ] 05. POLICE
- [ ] 06. RELIGIOUS
- [ ] 07. POLITICAL PARTIES (acronym): _____

SOURCE OF INFORMATION ON OCCURRENCE
- [ ] 01. DIRECT OAS/EOS OBSERVATION
- [ ] 02. ORAL TESTIMONY
- [ ] 03. RADIO, NEWSPAPER
- [ ] 04. WRITTEN TESTIMONY-ORIGINAL
- [ ] 05. WRITTEN TESTIMONY-COPY
- [ ] 06. TELEVISION

BRIEF DESCRIPTION OF OCCURRENCE
_____
_____
_____
_____
_____

EVALUATION OF OCCURRENCE (check only one box)
AGGRESSION AGAINST:
- [ ] 01. POLITICAL PARTIES
- [ ] 02. PERSONS
- [ ] 03. PROPERTY

ARBITRARY ACTION, FRAUD, OR FAULT BY WHICH AUTHORITY:
- [ ] 04. ELECTORAL
- [ ] 05. MILITARY
- [ ] 06. POLICE
- [ ] 07. CIVIL
- [ ] 08. RELIGIOUS

FOLLOW-UP
MEDIATION OAS/EOS BEFORE FOLLOWING AUTHORITY
- [ ] 01. ELECTORAL
- [ ] 02. MILITARY
- [ ] 03. POLICE
- [ ] 04. CIVIL
- [ ] 05. RELIGIOUS

COMMENTS (continue on reverse) _____
_____
_____
_____

Anexo 5

OAS/EOS
ELECTION DAY OBSERVATIONS
POLLING STATION OPENING AND VOTING

Names of Observers: _____

INSTRUCTIONS: If the Observer has not personally witnessed the opening of the polling station she/he should ask the officials present if everything went smoothly. In the case of being told of any incidents the Observer should seek more than one source of information.

District: _____ Code: _____
Municipality ("RESSORT") _____ Code: _____
Number of Polling Station: _____ Location: _____
Time of Observation: _____

OPENING AND COMPOSITION OF POLLING STATION
Hour of Opening: _____ Voter Capacity of Station: _____
Number of Electoral Officials: _____

Are any of these Officials obviously identified with a political organization?	☐ Yes	☐ No
If yes, which political organization? _____		
Were OAS Observers present for the station opening?	☐ Yes	☐ No
Were the urns empty?	☐ Yes	☐ No
Were the ballots counted and scrutinized?	☐ Yes	☐ No
Did the president of the polling station stamp the ballots with a special seal and sign them?	☐ Yes	☐ No
Was the act of opening completed?	☐ Yes	☐ No
Did all of the Officials of the polling station sign this act?	☐ Yes	☐ No
Were any poll-watchers present for the opening?	☐ Yes	☐ No

If yes, from which political organization? _____

PLEASE DETAIL ANY IRREGULARITIES WITH REGARD TO THE ABOVE:
_____
_____
_____
_____
_____
_____
_____
_____
_____
_____

The voting process took place: ☐ Without irregularities
                                ☐ With irregularities

Anexo 6

OAS/EOS
ELECTION DAY OBSERVATIONS
CLOSING AND TALLYING

Name of Observers: _____
District: _____ Code: _____
Municipality: _____ Code: _____
Number of Polling Stations: _____ Location: _____
Hour of Closing of Polling Station: _____

DETAIL OF ANY INCIDENTS:

_____
_____
_____
_____
_____
_____

COMPOSITION OF THE POLLING STATION AT TIME OF CLOSURE (number of persons and their status – officials/nonofficials) _____

POLITICAL ORGANIZATIONS REPRESENTED IN THE POLLING STATION (If obvious) _____
_____

VOTE COUNTING

WERE THE BALLOTS FIRST SEPARATED (blue ballots/white ballots)?   ☐ Yes   ☐ No

DID THE OFFICIALS OF THE POLLING STATION SIGN AN ACT OF CLOSURE?   ☐ Yes   ☐ No

IF ANYONE REFUSED TO SIGN THE ACT, GIVE A BRIEF DESCRIPTION WHY

_____
_____
_____
_____
_____

NUMBER OF DISPUTED BALLOTS _____

COMMENTS:

_____
_____
_____
_____
_____

In case of irregularities, specify:

☐ False ballots (unofficial ballots)
☐ Electoral cards which do not correspond to registration list
☐ Falsified electoral cards
☐ Multiple voting (voting more than once)
☐ Voters with electoral card which do not appear on registration list
☐ Provocation by authorities
☐ Provocation by individuals
☐ Provocation by political organizations (acronym _____)

BRIEF DESCRIPTION OF INCIDENT:

_____
_____
_____
_____
_____
_____
_____
_____
_____
_____

Approximate number of voters in line at present time_____
Approximate time it takes to vote _____

Secrecy of voting:

☐ Yes (totally secret)
☐ In doubt
☐ No (obviously not secret)

COMMENTS:

_____
_____
_____
_____
_____
_____
_____
_____
_____

Anexo 7

Anexo 7

STEMBILJET

(Artikel 95 juncto artikel 53 lid 2 van de Kiesregeling)

Voor de stemming in Kiesdistrikt I (distrikt Paramaribo) op 25 Mei 1991 ter verkiezing van 17 leden van de Nationale Assemblee uit Kiesdistrikt I voor de partij-afvaardiging op basis van evenredige vertegenwoordiging bij grootste gemiddelde met voorkeurstemmen.

SPECIMEN

NAAM EN VOORLETTERS DER KANDIDAAT – PLAATSVERVANGERS IN DE VOLGORDE DER LIJST VOOR KIESDISTRIKT I — PARAMARIBO

1	2	3	4	5	6	7	8
DJOIKROMO, K.		1. SANDIE, E.I.	1. SHEORAJPANDAY, R.	1. DRUIVENTAK, I.J.		1. DIPOPAWIRO, K.S.	1. AGOETI, J.L.
KASI, D.		2. IMANDI, S.F.	2. DORK, H.D.	2. TJIN A LIM, D.M.		2. RESAMTIKA, S.	2. VAN DER BOSCH, S.O.
EERSTELING, E.R.		3. MATARADAL, O.	3. WILSON, M.E.	3. ABDOELGAFOER, D.I.		3. DOELAH, S.	3. MATTHIAS, A.E.
RAMLAL, F.R.		4. DAWSON, F.J.	4. WARSOSEMITO, A.P.	4. COROLUS, A.M.			4. TODI, M.
HEYMANS, F.W.L.		5. HEMAI, D.	5. DULDER geb. LANDBURG, C.C.	5. KOENDERS geb. RAVENBERG, H.J.M.			5. GOEDSCHALK, E.E.
KERTOKALIO, F.S.		6. WIJNALDUM, C.L.P.	6. MADUOKROMO, S.	6. JAGROEP, R.			
PARSOE, R.		7. GODLIEB, C.R.	7. KHUDABUX, M.R.	7. STRUIKEN, E.P.			
FELISI, M.		8. LINGER geb. VAN DER ZIEL, C.	8. KOE-A-SEN, J.H.	8. NIRANDJAN, J.			
HARPAL, K.		9. AMSTELVEEN, H.J.D.	9. LIMON geb. SMITS, W.A.M.	9. DIEKO, M.D.			
BALGOBIEND, R.		10. BURLESON, L.L.	10. ESAJAS, W.J.	10. COOMAN, F.R.			

Anexo 8

Anexo B

STEMBILJET

(ARTIKEL 95, JUNCTO ARTIKEL 69 LID 1 VAN DE KIESREGELING)

VOOR DE STEMMING IN HET KIESDISTRIKT X (DISTRIKT SIPALIWINI) OP 25 MEI 1991 TER VERKIEZING VAN 7 (ZEVEN) LEDEN TER AFVAARDIGING IN DE RESSORTRAAD VAN HET RESSORT **COEROENI** VAN HET DISTRIKT OP BASIS VAN HET PERSONENMEERDERHEIDSSTELSEL.

	No. 1			No. 2			No. 3			No. 4			No. 5	
Aanwijzing der keuze	Aanduiding der politieke groepering	Ongekleurde afbeelding van het partijsymbool	Aanwijzing der keuze	Aanduiding der politieke groepering	Ongekleurde afbeelding van het partijsymbool	Aanwijzing der keuze	Aanduiding der politieke groepering	Ongekleurde afbeelding van het partijsymbool	Aanwijzing der keuze	Aanduiding der politieke groepering	Ongekleurde afbeelding van het partijsymbool	Aanwijzing der keuze	Aanduiding der politieke groepering	Ongekleurde afbeelding van het partijsymbool
	D.A. '91			PALU			NIEUW FRONT			NDP			ABOP P.B.P.	
	Namen en voorletters der kandidaten in de volgorde der lijst			Namen en voorletters der kandidaten in de volgorde der lijst			Namen en voorletters der kandidaten in de volgorde der lijst			1. JABOKO, K. 2. DJEBAJENE, A. 3. UCHEIMAPO, E. 5. SHAJENNA, U.			Namen en voorletters der kandidaten in de volgorde der lijst	

SPECIMEN

Anexo 9

Anexo 9

DE NATIONALE ASSEMBLEE, DE DISTRICTSRADEN EN DE RESSORTRADEN BIJEEN IN

DE VERENIGDE VOLKSVERGADERING

STEMBILJET

Ter verkiezing van de **PRESIDENT** van **DE REPUBLIEK SURINAME** ingevolge artikel 181 lid 2, sub b van de Grondwet van de Republiek Suriname

	Naam	Voornamen
☐	PRADE	HANS ORLANDO
☐	VENETIAAN	RUNALDO RONALD
☐	WIJDENBOSCH	JULES ALBERT

Anexo 10

HET ONAFHANKELIJK KIESBUREAU
GROTE COMBEWEG 99
TEL: 479121 - 477541

O.K.No. 265/91

Paramaribo, 24 october 1991

To:
   the Head of the Organization
   of American States.
   Electoral Observation Mission

We hereby present to you the official results of the elections for the constitution of The National Assembly of May 25th and the results of the elections for the constitution of the Local Councils and the District Council, which took place on August 3rd.

Sam F. Polanen   - Chairman

mr. M. de Miranda   - Secretary

NATIONAL ASSEMBLY

Persons elected on May 25, 1991

COALITION

NIEUW FRONT (VHP) :
1. Mr. J. Lachmon
2. Drs. L. Mungra
3. Mr. M.S. A Nurmohamed
4. N. Mahadewsingh
5. M.I. Djawalapersad
6. R. Kisoensingh
7. W. Kalloe
8. D. Ramadhin
9. R.S. Ramautar

(NPS) :
1. R.B.R. Nooitmeer [1]
2. Drs. A.E.R. Jessurun [2]
3. O.R. Rodgers
4. Drs. A.K. Kallan
5. A.Ch. Kruisland
6. Roopram D.
7. H.L.J. Bendt
8. R.A. Thomas
9. H.B. Pinas
10. F.T. Majokko
11. T. Matodja
12. L. Abauna

(KTPI) :
1. W. Soemita [3]
2. C.S. H. Ardjosemito
3. L.M. Singosemito
4. A. Moehadis
5. H.A. Asmowiredjo
6. J. Djojokasiran
7. W.H. Karijomenggolo

(SPA) :
1. H.G. Sylvester
2. Drs. W.W. Wirht

OPPOSITION

NDP :
1. Drs. J.A. Wijdenbosch
2. Ir. F.J.W. Playfair
3. Drs. C.G. Ishwardat
4. P.O.M. van Mulier
5. R. Narain
6. M.S. Hasanradja
7. L.A. Soesman
8. S. Malhoe
9. H.P. Wormer
10. H.F. Watson
11. L.H. Hermelijn-Ravales
12. H.A. Naana

OPPOSITION (continued)

DA' 91 :
1. Drs. W. Jessurun (A.F.)
2. Drs. K. Ramsundersingh (HPP)
3. M. Jamin (Pendawalima)
4. S.D. Ramkhelawan
5. H.P. Kisoensingh (HPP)
6. S. Kromosetiko (Pendawalima)
7. E.D.R. Prijor (BEP)
8. M.E. With (BEP)
9. R.M. Pansa (BEP)

NOTES

(1) Nooitmeer became Minister: seat taken by R. Wijdenbosch (NPS) next on list of Nieuw Front candidates.

(2) Article 63 of the Constitution does not allow blood relationship up to and including the second degree or marriage between members of the Assembly.
This same Article prescribes that in the cases just mentioned the one to be admitted as member of the Assembly will be assigned by lot.
In the case of the two brothers A.E.R. Jessurun (Nieuw Front) and W. Jessurun (D.A.'91) the drawing of lots went off in favour of the latter.
The seat of A.E.R. Jessurun thus went to the next candidate on Nieuw Front's list for Paramaribo, viz. H.S. Hildenberg.

(3) W. Soemita became Minister : seat taken by R. Sardjoe (VHP, next on the list of NF candidates).

RESULTS ELECTIONS OF AUGUST 3, 1991

These elections were for the Local and District Councils in electoral Districts

VIII   - Para, resort Carolina
IX   - Brokopondo, resort Marechalskreek
X   - Sipaliwini, resort Coeroeni

Resort Carolina, Electoral District VIII - Para

The 7 seats go to:

1. Joeroeja, H.   NDP
2. Swedo, E.F.   NDP
3. Wijngaarde, C.A.   NDP
4. Pranaware, S.F.   NDP
5. Biswane, M.A.   NDP
6. Sabajo, J.F.   NDP
7. Sordam, E.R.   NDP

These results added to the results of the other resorts in Para lead to the distribution of the 9 District Council seats as follows:

Nieuw Front   4 seats

1. Soemodihardjo, S.
2. Pasiran, K.
3. Denseil, C.E.
4. Gayadin, J.D.

NDP   5 seats

1. Gijsberg, E.F.
2. Sadi, L.S.
3. Vyent, L.K.
4. Wens, R.J.
5. Gravenbeek, L.A.

Resort Marechalskreek, Electoral District IX, Brokopondo

The 7 seats go to:

1. Darius, R.E.F.	DA'91
2. Leyman, J.	DA'91
3. Biscina, Z.	DA'91
4. Robert, J..	DA'91
5. Ajerie, R.	DA'91
6. Robert, W.	DA'91
7. Eduard, A.	DA'91

These results added to the results of the other resorts in Brokopondo lead to the distribution of the 7 District Council seats as follows:

DA'91   4 seats

1. Leyman, T.
2. Pryor, F.R.
3. Darius, R.E.F.
4. Leidsman, J.A.

Nieuw Front   2 seats

1. Adipi, H.J.G.
2. Dahl, R.E.

NDP   1 seat

1. Lehman, J.R.

Resort Coeroeni, Electoral District.X, Sipaliwini

The 7 seats go to:

1. Japoko, K.	NDP
2. Edepaenene, A.	NDP
3. Park, R.	NDP
4. OOchpatapo, E.	NDP
5. Shajenna, U.	NDP
6. Purrejekoe, M.	NDP
7. Kongtoe, J.	NDP

These results added to the results of the other resorts in Sipaliwini lead to the distribution of the 9 District Council seats as follows:

NDP   5 seats

1. Jeroe, A.R.W.
2. Naana, N.M.
3. Zamuel, K.E.
4. Benjamin, B.B.
5. Jabini, A.R.

Nieuw Front   3 seats

1. Gadden, E.R.
2. Piroimare, S.
3. Eduards, J.R.

DA'91   1 seat

1. Asomang, O.

RESULTS DISTRICT AND LOCAL COUNCIL ELECTIONS

District	Constituency	NF	NDP	DA'91	Total
Electoral District I Paramaribo	Blauwgrond	17	0	0	17
	Rainville	17	0	0	17
	Munder	17	0	0	17
	Centrum	17	0	0	17
	Beekhuizen	17	0	0	17
	Weg naar Zee	15	0	0	15
	Welgelegen	17	0	0	17
	Tammenga	13	0	0	13
	Flora	17	0	0	17
	Latour	17	0	0	17
	Pontbuiten	15	0	0	15
	Livorno	13	0	0	13
Total Electoral District I		192	0	0	192
DISTRICT COUNCIL		21	0	0	21
Electoral District II Wanica	Kwatta	13	0	0	13
	Sar'capolder	13	0	0	13
	Koewarasan	13	0	0	13
	De Nieuwe Grond	17	0	0	17
	Lelydorp	17	0	0	17
	Houttuin	13	0	0	13
	Domburg	11	0	0	11
Total Electoral District II		97	0	0	97
DISTRICT COUNCIL		15	0	0	15
Electoral District III Nickerie	Wageningen	11	0	0	11
	Groot Henar	11	0	0	11
	Oost.polders	13	0	0	13
	Nieuw Nickerie	15	0	0	15
	West.polders	13	0	0	13
Total Electoral District III		74	0	0	74
DISTRICT COUNCIL		9	0	0	9

Electoral	Welgelegen	7	0	0		7
District IV	Totness	8	1	0		9
Coronie	Johanna Maria	6	1	0		7

Total Electoral District IV	21	2	0	23
DISTRICT COUNCIL	6	1	0	7

Electoral	Calcutta	6	1	0	7
District V	Tijgerkreek	10	1	0	11
Saramacca	Groningen	11	0	0	11
	Kampong Baroe	9	0	0	9
	Wayamboweg	9	0	0	9
	Jarikaba	11	0	0	11

Total Electoral District V	56	2	0	58
DISTRICT COUNCIL	8	1	0	9

Electoral	Margrita	7	0	0	7
District VI	Bakkie	7	0	0	7
Commewijne	Nw. Amsterdam	11	0	0	11
	Alkmaar	11	0	0	11
	Tamanredjo	12	1	0	13
	Meerzorg	13	0	0	13

Total Electoral District VI	61	1	0	62
DISTRICT COUNCIL	9	0	0	9

					Palu	
Electoral	Moengo	13	0	0		13
District VII	Wanhatti	7	2	0		9
Marowijne	Galibi	0	7	0		7
	Moengotapoe	5	4	0		9
	Albina	0	9	0		9
	Patamacca	1	7	0	1	9

Total Electoral District VII	26	29	0	1	56
DISTRICT COUNCIL	4	5	0	0	9

Electoral	Noord	0	11	0	11
District VIII	Oost	11	0	0	11
Para	Zuid	11	0	0	11
	Bigi Poika	0	7	0	7
	Carolina	0	7	0	7
Total Electoral District VIII		22	25	0	47
DISTRICT COUNCIL		4	5	0	9
Electoral	Kwakoegron	0	7	0	7
District IX	Marechallkreek	0	0	7	7
Brokopondo	Klaaskreek	4	0	7	11
	Centrum	4	0	5	9
	Bronsweg	5	0	6	11
	Sarakreek	1	0	6	7
Total Electoral District IX		14	7	31	52
DISTRICT COUNCIL		2	1	4	7
Electoral	Tapanahony	3	0	10	13
District X	Bv.Suriname	17	0	0	17
Sipaliwini	Bv.Saramacca	0	11	0	11
	Bv.Coppename	0	7	0	7
	Kabaleoo	0	7	0	7
	Coeroeni	0	7	0	7
Total Electoral District X		20	32	10	62
DISTRICT COUNCIL		3	5	1	9

					Palu	
TOTAL	62	.664	.116	.46	1	827

SUMMARY OF RESULTS

LOCAL COUNCILS

					NF	NDP	DA'91		Total
1.	Electoral District	I	-	Paramaribo	192	0	0		192
2.	"	II	-	Wanica	97	0	0		97
3.	"	III	-	Nickerie	74	0	0		74
4.	"	IV	-	Coronie	21	2	0		23
5.	"	V	-	Saramacca	56	2	0		58
6.	"	VI	-	Commewijne	61	1	0	Palu	62
7.	"	VII	-	Marowijne	26	29	0	1	56
8.	"	VIII	-	Para	22	25	0		47
9.	"	IX	-	Brokopondo	14	7	31		52
10.	"	X	-	Sipaliwini	20	32	10		62
				TOTAL	664	116	46	1	827

DISTRICT COUNCILS

					NF	NDP	DA'91	Total
1.	Electoral District	I	-	Paramaribo	21	0	0	21
2.	"	II	-	Wanica	15	0	0	15
3.	"	III	-	Nickerie	9	0	0	9
4.	"	IV	-	Coronie	6	1	0	7
5.	"	V	-	Saramacca	8	1	0	9
6.	"	VI	-	Commewijne	9	0	0	9
7.	"	VII	-	Marowijne	4	5	0	9
8.	"	VIII	-	Para	4	5	0	9
9.	"	IX	-	Brokopondo	2	1	4	7
10.	"	X	-	Sipaliwini	3	5	1	9
				TOTAL	81	18	5	104

**Serie sobre Misiones de Observación Electoral
en Estados Miembros de la
Organización de los Estados Americanos**

Las publicaciones de esta serie (ISSN 1087-8521) se basan en los Informes oficiales respectivos de cada una de las Misiones de Observación Electoral (MOE). Los mismos han sido a veces sintetizados, modificados con información adicional, estructurados en forma diferente, o redactados con un estilo más ágil para facilitar su lectura. Se intenta de esta manera llegar a una amplia audiencia de profesionales, expertos en asuntos electorales, diplomáticos, periodistas, académicos, estudiantes y el público en general.

The publications of this series (ISSN 1087-8521) are based on the official reports of each of the Electoral Observation Missions (EOM). In order to facilitate their, reading, the reports have been either shortened, expanded, structured differently, or edited. By doing so, it is hoped that these publications will be distributed to a large audience of professionals, experts in electoral affairs, diplomats, journalists, scholars, students and the general public.

1. Paraguay: Elecciones Municipales de 1991;
   Elecciones para la Asamblea Constituyente de 1991;
   Elecciones Generales de 1993

2. Perú: Elecciones para el Congreso Constituyente de 1992;
   Elecciones Municipales de 1993;
   Referéndum Constitucional de 1993

3. Suriname: Elecciones Generales de 1991

4. El Salvador: Elecciones Legislativas y Municipales de 1991/
   Honduras: Elecciones Generales de 1993

5. Nicaragua: Elecciones Generales de 1990

6. Venezuela: Elecciones Generales de 1993

7. Panamá: Elecciones Generales de 1994

8. República Dominicana: Elecciones Generales de 1990 y 1994

9. Haití: Elecciones Generales de 1990

10. Compendio de elecciones observadas por la OEA en Perú, Haití y Guatemala. Elecciones 1995